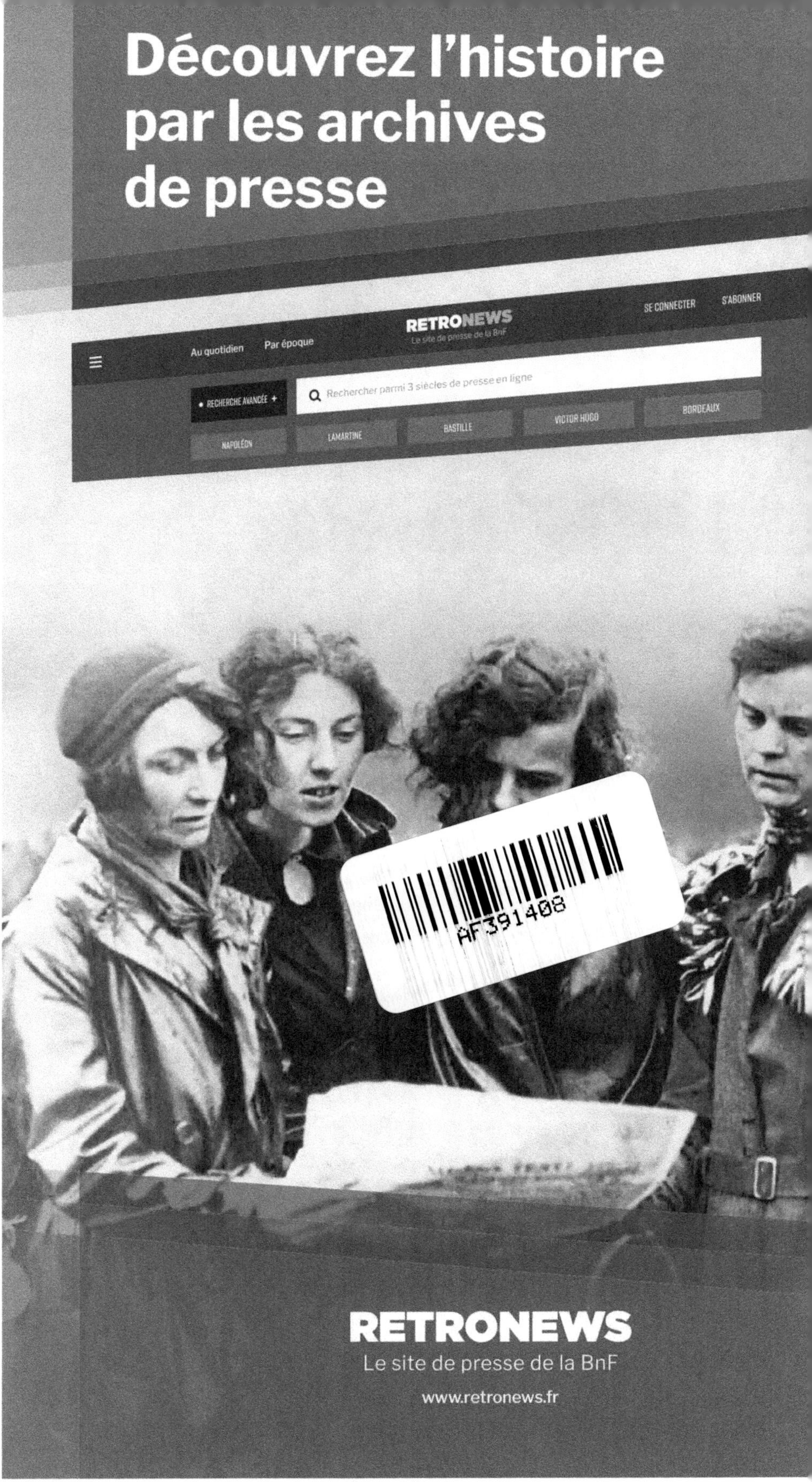

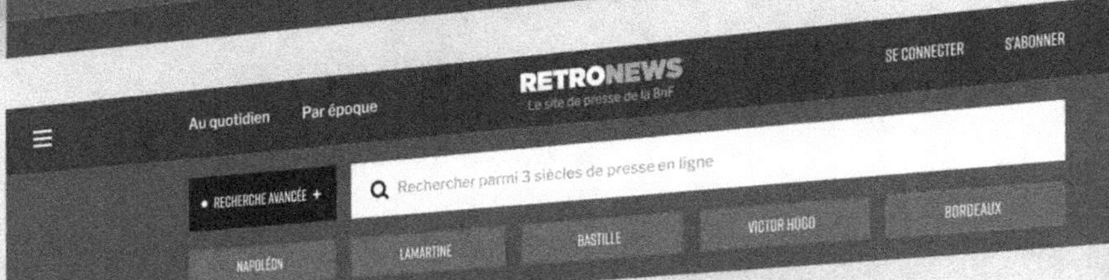

Découvrez l'histoire par les archives de presse
RETRONEWS
Le site de presse de la BnF
SE CONNECTER
S'ABONNER
Au quotidien
Par époque
RECHERCHE AVANCÉE +
Rechercher parmi 3 siècles de presse en ligne
NAPOLÉON
LAMARTINE
BASTILLE
VICTOR HUGO
BORDEAUX
RETRONEWS
Le site de presse de la BnF
www.retronews.fr

MÉMOIRES

DE

L'ACADÉMIE

DES

SCIENCES & BELLES-LETTRES

D'ANGERS

Nouvelle Période. — Tome III

1894 - 1895

ANGERS

LACHÈSE ET Cⁱᵉ

Imprimeurs de l'Académie

4, CHAUSSÉE SAINT-PIERRE, 4

MÉMOIRES

DE

L'ACADÉMIE DES SCIENCES & BELLES-LETTRES

D'ANGERS

MÉMOIRES

DE

L'ACADÉMIE

DES

SCIENCES & BELLES-LETTRES

D'ANGERS

NOUVELLE PÉRIODE. — TOME III

1894 - 1895

ANGERS

LACHÈSE ET Cᴵᴱ

Imprimeurs de l'Académie

4, CHAUSSÉE SAINT-PIERRE, 4

GRANDS-MAITRES

DE

L'ORDRE DU TEMPLE

ANGEVINS D'ORIGINE

PAR

M. Armand PARROT

Correspondant honoraire du Ministère de l'Instruction publique,
des Beaux-Arts et des Cultes
Président de l'Académie des Sciences et Belles-Lettres
d'Angers

———————

L'ordre des chevaliers du Temple fut fondé en 1118, par quelques gentilshommes français, qui, dans leur jeunesse, s'étaient distingués à la prise de Jérusalem par Godefroy de Bouillon[1]. Ces pieux seigneurs, au nombre de neuf, dont les principaux étaient : Hugues des Payens (*Hugo de Paganis*) et Geoffroy de Saint-Adémar ou de Saint-Omer, animés du désir de servir Dieu, se présentèrent à Gua-

---

[1] Cette conquête eut lieu le 15 juillet 1099 : elle fut le résultat de la première croisade.

rimond, patriarche de Jérusalem, et firent entre ses mains les trois vœux de religion, auxquels ils en ajoutèrent un quatrième, celui de combattre les infidèles.

Le but de cette institution était de veiller à la conservation des Lieux-Saints, dont les Francs s'étaient rendus maîtres et de défendre contre les Turcs le grand nombre de pèlerins qui abordaient alors de toutes parts en Syrie[1].

[1] Pendant tout le moyen âge, les pèlerinages à Jérusalem furent l'antidote le plus en usage pour la rémission des grands crimes. Aussi, de cette époque, où la barbarie et la férocité étaient l'apanage de la noblesse, voyait-on sans cesse les abords de la Cité Sainte remplis de puissants personnages qui venaient, revêtus du cilice et le bourdon à la main, implorer sur le sépulcre du Rédempteur le pardon de tous leurs crimes. C'est ainsi qu'au xe siècle, un des comtes d'Anjou, le célèbre Geoffroy-Grise Gonnelle, franchit deux fois la mer, afin de rendre la paix à son âme chargée de fautes énormes. Son fils, Foulques-Nerra, non moins criminel que son père, fit trois fois le voyage de Jérusalem pour obtenir la rémission de ses nombreux péchés. Lors de son deuxième pèlerinage (1010), les Turcs qui possédaient à cette époque la Ville-Sainte, ne lui en accordèrent l'entrée que moyennant une forte somme d'argent et lui imposèrent la condition, s'il voulait voir le sépulcre du Christ, de pisser dessus, ainsi que sur la croix. Foulques accepta cette clause sans hésitation. Pour l'exécuter d'une manière non impie, il fit remplir de vin blanc une vessie de mouton, qu'il adapta entre ses cuisses, et, lorsqu'il fut dans le sépulcre, après s'être déchaussé, il épancha sur le saint tombeau et sur la croix le contenu de la vessie. (*Hist. des anciens comtes d'Anjou*, p. 34.) Pendant son troisième pèlerinage à Jérusalem (1033), Foulques-Nerra, dont l'âme était restée toujours cruelle, éprouva un si vif repentir de tous ses crimes, « qu'il se fit traîner sur la claye par les grandes rues de cette « ville, dit le chanoine Le Gendre, nud en chemise, la corde

Baudoin II, troisième roi de Jérusalem, leur fit bon accueil et leur permit de construire un logis sur l'emplacement de l'ancien temple de Salomon, d'où leur est venu le nom de Templiers (*Templarii*). Pendant les neuf premières années de leur institution, les Templiers portèrent l'habit séculier et n'eurent d'autres vêtements que ceux que le peuple leur donnait par charité[1]. Alors, ils étaient également heureux de porter le titre modeste de *pauvres soldats de Jésus-Christ et du Temple de Salomon*[2].

En 1128, Hugues des Payens, premier magister de la milice du Temple, se rendit en France au concile tenu à Troyes[3], le 13 janvier, afin d'obtenir des Pères de cette assemblée, qu'ils approuvassent la règle que saint Bernard avait dressée pour son ordre[4]. Cette approbation lui ayant été accordée, il retourna aussitôt à Jérusalem; là, entre les mains du pa-

« au cou ; pendant que deux pénitentiers le fouettant à tour « de bras, il crioit de toutes ses forces : « *Aïez pitié, Seigneur,* « *de Foulques le traistre et le parjure.* » (L. Le Gendre, *Hist. de France*, t. II, p. 516, in-f°.)

[1] Guill. de Tyr, *Hist. des Croisades*, l. XII.

[2] Suivant Matthieu Paris, les Templiers étaient si indigents, à l'origine de leur institut, qu'ils n'avaient qu'un cheval pour deux. Ce fut pour perpétuer le souvenir de cette pauvreté, qu'ils firent mettre sur le sceau de l'ordre un cheval monté par deux chevaliers, avec cette légende : SIGILLVM. MILITVM. CHRISTI. (V° *Trésor de Numismatique et de Glyptique,* — Sceaux des communes, etc., p. 38, pl. xxiii, n° 11. in-f°.)

[3] Ce concile était présidé par le légat Mathieu, évêque d'Albano, assisté des archevêques de Reims et de Sens, de treize évêques, de saint Bernard et de plusieurs autres abbés.

[4] Favin, dans son *Théâtre d'honneur*, t. II, fol. 1633, a reproduit en entier cette Règle.

triarche Etienne [1], lui et ses frères renouvelèrent leurs vœux. A dater de cette époque, les Templiers n'eurent plus pour costume que des vêtements blancs, sur lesquels le pape Eugène III ajouta, en 1146, une croix patriarcale d'étoffe rouge.

Le nombre des membres de l'ordre, qui, jusqu'en 1128 ne s'était pas augmenté, progressa alors rapidement. Ceux qui désiraient en faire partie devaient être nobles et avoir atteint l'âge de vingt et un ans, époque avant laquelle ou ne pouvait pas être armé chevalier. L'étendard de la milice se nommait *Beau-céant* [2] : il était parti noir et blanc, dessus on lisait : « *Non nobis, Domine, non nobis sed nomini tuo da gloriam.* » Dès lors, les Templiers jetèrent l'effroi et la terreur parmi les musulmans. Partout où le sombre Beauséant fut déployé régnèrent le carnage et la mort. Ce fut sous de semblables auspices que l'ordre se fit connaître. Hugues des Payens, son premier magister, décéda couvert de gloire en 1136. Tandis qu'il administrait son ordre, encore dans l'enfance, le noble et illustre Foulques V, comte d'Anjou, vint implorer à ses pieds l'honneur d'être admis dans sa milice [3]. Ce preux seigneur, qui, à l'exemple de ses ancêtres, avait souillé son âme de plus d'un crime, s'était dirigé

---

[1] Successeur de Guarimond ou Gormond.

[2] Ce nom signifiait, selon Favin, *bien séant*. (*Théâtre d'honneur*, t. II, l. IX, fol. 1627.)

[3] Foulques V était fils de Foulques dit le Réchin et de Bertrande de Montfort ; il était né en 1092 et avait succédé à son père en 1109. Lorsqu'il fit son voyage de Jérusalem il avait vingt-huit ans ; il en devint roi en 1131.

comme eux vers Jérusalem pour en obtenir le pardon.
Après avoir confié la garde de ses Etats à sa femme
et à ses jeunes fils, Geoffroy et Hélie, il partit pour la
Cité Sainte le 26 avril 1120. « Là, dit Orderic Vital,
« il s'attacha aux chevaliers du Temple, demeura
« quelque temps parmi eux, ensuite avec leur permis-
« sion, il retourna en Anjou, et se rendit volontaire-
« ment leur tributaire, pour la somme annuelle de
« trente livres angevines[1] ». Le 24 septembre 1121,
le comte Foulques rentra dans la capitale de ses
Etats. Depuis cette époque l'audacieux paladin com-
battit souvent les Turcs, non en qualité d'humble soldat du Temple, mais en puissant seigneur, dont les
talents chevaleresques le conduisirent quelques années plus tard sur le trône de Godefroy de Bouillon.

Hugues des Payens eut pour successeur dans le
magistère du Temple un angevin d'illustre race,
Robert était son nom. Il avait eu pour père Renaud,
sire de Craon[2], et pour mère Ennagen de Vitré[3]. Il
portait le surnom de *Bourguignon*[4], comme son bi-
saïeul paternel, Robert, troisième fils de Renaud Ier,

[1] Order. Vitalis, *Histor. eccles.*, lib. VII. — Suivant M. Léopold
Delisle, la livre angevine avait à cette époque la valeur de
trente-quatre à trente-cinq francs de notre monnaie, qui
multipliés par trente, donneraient en somme plus de mille
francs en valeur intrinsèque et plus de six mille en puissance
actuelle.

[2] Fondateur de l'abbaye de la Roë, en Anjou.

[3] Ennagen ou Ennoguen de Vitré, surnommée *Domite* ou
Domitille. — Anselme, *Hist. généalog. des grands officiers de la
maison de France*, t. VIII, p. 567.

[4] *Robertus cognomento Burgundio*. — Du Cange, *Gloss.*, t. VI,
fol. 528, édit. de 1846, in-4°.

comte de Nevers, époux d'Avoise, dame de Sablé[1]. Le magister Robert était le cadet de trois frères ; dans sa jeunesse il avait été s'établir en Aquitaine, où Vulgrin II, comte d'Angoulême, l'avait fiancé avec la fille et l'héritière de Jourdain Eskivat, seigneur de Confolens et de Chabannes[2]. Mais Aymar, seigneur de la Rochefoucault, réclamant cet héritage, Guillaume IX, duc d'Aquitaine, l'en mit en possession par la voie des armes. Le duc étant mort en 1126, Vulgrin et Robert reprirent les deux terres sur Aymar. Pour des motifs restés inconnus Robert n'épousa pas sa fiancée, elle fut donnée à Guillaume de Mastas. De dépit, dit-on, il alla en Palestine et entra dans l'ordre des Templiers[3]. La valeur et la piété du chevalier Robert attirèrent aussitôt sur lui l'attention de ses frères, qui en témoignage de leur estime l'élevèrent en 1136 à la première dignité de leur ordre[4]. Le nouvel élu ouvrit son magistère par une bataille sanglante dans laquelle Asouard, gouverneur d'Alep, qui dévastait la Palestine, fut battu et mis en fuite. Mais, Asouard étant revenu à la charge, tandis que les vainqueurs s'amusaient au pillage, tomba dessus et massacra un grand nombre de chevaliers.

En 1141, Robert, de concert avec Raymond du Puy, grand-maître de l'Hôpital, envoya des députés à Garcia-Ramirez, roi de Navarre et à Raymond, prince

---

[1] Ménage, *Hist. de Sablé*, l. III, pp. 32 et 418.

[2] Labbé, *Nouv. biblioth.*, t. II, p. 260. — Ménage, *loco cit.*, p. 131.

[3] Anselme, *Hist. généalog.*, t. VIII, p. 567.

[4] *Art de vérifier les dates*, t. X, part. II. p. 338.

d'Aragon, pour revendiquer ces deux royaumes[1], en vertu du testament d'Alfonse Ier [2]. Celui-ci consentit qu'au cas qu'il décédât sans enfant l'Aragon passerait sous la domination des chevaliers. Le Navarrois ne fut pas aussi facile en arrangement ; il ne voulut entendre à aucun accommodement. Les députés furent donc obligés de se contenter du traité de Raymond, qu'ils firent ratifier à Jérusalem par le patriarche et les chevaliers[3].

La mort frappa en 1147 Robert le Bourguignon. Ce maître du Temple, dit le vénérable Guillaume de Tyr, ne fut pas moins illustre par la pureté de ses mœurs et sa bravoure que par l'éclat de sa naissance[4]. Il portait pour blason comme ses ancêtres : *losangé d'or et de gueules* [5].

[1] Vertot, *Hist. de Malte*, t. I, liv. I, p. 89.

[2] Alphonse Ier, roi d'Aragon et de Navarre, par son testament en date de 1131, avait fait héritiers de ses États : les Templiers, les Hospitaliers et les chanoines du Saint-Sépulcre. (Mariana, l. X, ch. xv, p. 511.)

[3] Les trois ordres religieux auxquels Alphonse Ier avait légué ses royaumes, tirèrent un maigre profit de ce don. Ils ne reçurent que quelques sommes d'argent que Raymond leur permit de prélever sur ses États. A l'égard des couronnes, il ne leur fut jamais accordé de les ceindre. Quand même les princes y auraient consenti, les peuples s'y seraient opposés.

[4] *Diagus, in comitib. Barcinon.*, lib. II, c. cxlv. — *Gesta Ludovici VII*, c. xviii. — Duchesnius, *in Histor. Burgund.*, lib. IV, c. xxxvii. — Orderic. Vital., lib. VIII, p. 674. — August. du Pas, *in Familiis Armoricis*, fol. 748. — Du Cange, *Glossarium*, t. VI, p. 528. — Gilles Ménage, *Hist. de Sablé*, pp. 32 et 418.

[5] Ménage, *Ibid.*, préf., p. v. — Anselme, *Hist. généalog.*, t. VIII, fol. 568.

Plusieurs magisters du Temple, successeurs de Robert, héritèrent de ses talents et de sa vertu. Par leur bonne renommée, qui se répandit au delà des mers, ils attirèrent dans leur milice un grand nombre de valeureux guerriers, qui, eux aussi, travaillèrent avec succès à augmenter la gloire de leur ordre. Tandis que le nombre des chevaliers allait toujours en progressant, la fortune de l'ordre suivait la même marche. Alors on vit entrer dans l'institution l'opulence avec les vices qui l'accompagnent. Le premier qui parut fut la vanité[1]. Il fit son entrée d'honneur dans l'ordre en 1182, au milieu d'un chapitre général tenu par les chevaliers à Jérusalem. Les Templiers fiers alors de leurs richesses et de leurs exploits militaires

[1] Le temps ne détruisit pas ce vice chez les Templiers, il ne fit au contraire qu'accroître avec leurs richesses. Un des derniers actes de la vie de Richard Cœur de Lion, décrit dans la *Chronique* de Walterus Hemingford, prouve qu'il se développa rapidement et devint bientôt un sujet de scandale. Le roi étant sur le point de mourir, dit Hemingford, l'archevêque de Rouen se rendit près de lui pour l'assister à ses derniers moments. Après quelques pieuses exhortations, l'archevêque engagea le roi de pourvoir ses trois filles avant de quitter la terre. Richard, étonné, lui répondit qu'il ne croyait pas en avoir ; l'archevêque répartit que la vanité, l'avarice et la luxure étaient les trois filles dont il voulait lui parler. Alors, dit le roi, je donne, mon aînée, la *Vanité*, aux Templiers ; la cadette, l'*Avarice*, aux moines gris, et la dernière, la *Luxure*, aux moines noirs. Mais cette critique lui coûta cher : frappé des censures de l'archevêque, il se fit lier et dépouiller, puis souffrit trois fois une si rude fustigation que le sang en coulait abondamment de toutes parts. Châtiment inique infligé par un prélat à un moribond, pour avoir proclamé des vérités que le temps confirma.

secouèrent avec dédain le joug du patriarche de la Sainte Cité. Ils nommèrent un d'entre eux pour le remplacer et lui conférèrent le' titre de Grand-Maître (*Magnus Magister*). Richard de Rillefort passe pour avoir été le premier revêtu de cette dignité, qu'il a transmise à ses successeurs, malgré l'opposition du patriarche de Jérusalem. Pour marquer d'une manière plus explicite leur indépendance envers ce dignitaire de l'Eglise d'Orient, les Templiers enlevèrent les croix patriarcales d'étoffe rouge qui étaient sur leurs vêtements et les remplacèrent par des croix noires à huit pointes, bordées de blanc, semblables en forme à celles des Hospitaliers [1].

Richard de Rillefort eut pour successeur, selon quelques historiens, le grand-maître Terric [2]. Sous le gouvernement de cet homme, qui passe pour avoir été téméraire à l'excès, eut lieu le 1ᵉʳ mai 1187 un combat à jamais mémorable, que cinq cents chevaliers du Temple et de saint Jean de Jérusalem soutinrent près de Nazareth, contre le prince Aldhal, fils de Saladin et son armée musulmane. Dans ce combat, les chevaliers déployèrent une bravoure prodigieuse presque incroyable. « On vit ces guerriers indomp-

---

[1] André Favin, *Théâtre d'honneur*, t. II, l. IX. — Pierre Palliot, *Sciences des Armoiries*, fol. 488. — Trois cents chevaliers et autant de frères servants avaient assisté à ce chapitre.

[2] Terric, nommé aussi Thierri ou Térence, eut pour successeur Gérard de Rochefort. (*Art de vérifier les dates*, t. X, p. 346.)

« tables, dit le savant Michaud, après avoir épuisé
« leurs flèches, arracher de leurs corps celles dont ils
« étaient percés et les lancer à l'ennemi. On les vit
« altérés par la chaleur et la fatigue s'abreuver de
« leur sang, et reprendre des forces par le moyen
« même qui devait les affaiblir. On les vit enfin, après
« avoir brisé leurs lances et leurs épées, s'élancer sur
« leurs ennemis, se battre corps à corps, se rouler
« dans la poussière avec les guerriers musulmans et
« mourir en menaçant leurs vainqueurs. Rien n'égala
« surtout, ajoute le même historien, la valeur hé-
« roïque de Jacquelin de Maillé, chevalier du Temple.
« Monté sur un cheval blanc, il était resté seul sur le
« champ de bataille, et combattait parmi des mon-
« ceaux de morts. Quoiqu'il fût entouré de toutes
« parts, il refusait de se rendre. Le cheval qu'il mon-
« tait, épuisé de fatigue, s'abat et l'entraîne dans sa
« chute. Mais bientôt l'intrépide chevalier se relève
« et la lance à la main, couvert de sang et de pous-
« sière, tout hérissé de flèches, se précipite dans les
« rangs des musulmans étonnés de son audace. Enfin,
« il tombe percé de coups et combat encore. Les Sar-
« rasins le prennent pour saint Georges, que les chré-
« tiens croyaient voir descendre du ciel au milieu de
« leurs batailles. Après sa mort les soldats turcs,
« qu'un historien appelle les enfants de Babylone et
« de Sodome, s'approchèrent avec respect de son
« corps, meurtri de mille blessures. Ils essuyaient
« son sang, se partageaient les lambeaux de ses ha-
« bits, les débris de ses armes, et dans leur brutale

« ivresse lui témoignaient leur admiration par des
« actions qui font rougir la pudeur [1] ».

C'est aux portes de l'Anjou qu'est né ce héros,
illustre rameau d'une tige célèbre. Le Templier de
Maillé était fils du brave Jacquelin de Maillé et d'Adelaïs, son épouse. Il s'était enrôlé dans la milice du
Temple vers l'année 1177, étant alors dans toute la
fleur de la jeunesse. Partout où le fameux Beaucéant
déployait ses ailes lugubres, on le voyait à ses côtés,
abreuver du sang des infidèles les sables brûlants de
la Syrie et joncher la terre de leurs cadavres. Si, lui-
même, il périt dans la journée de Nazareth, ce ne fut
qu'accablé par le nombre, et après avoir épuisé la
dernière parcelle de ses forces. Mort glorieuse, qui
rendit toujours cher à sa patrie le nom de Jacquelin
de Maillé [2].

---

[1] L'histoire latine du royaume de Jérusalem contient ce passage curieux : *Quidam verò, ut fama ferebat, ardentius cœteris
movebatur, et abscissis viri genitalibus ea tanquam in usum
gignendi reservare disposuit, ut vel mortua membra, si fieri
posset, virtutis tantæ suscitarent hæredem.* (Recueil de Bongars,
p. 1151. — Michaud, *Hist. des Croisades*, t. II, part. II, l. VII,
p. 275.)

[2] Si Jacquelin de Maillé n'appartient pas à l'Anjou par le
lieu de sa naissance, il s'y rattache d'une manière incontestable par le grand nombre d'alliances que sa famille y a contractées, par les dignités éminentes qu'elle y a remplies, enfin
par les terres importantes qu'elle y a possédées. — Son père,
Jacquelin, seigneur de Maillé, s'était distingué, en 1115, avec
ses quatre frères, en combattant pour Foulques, comte d'Anjou,
contre le roi d'Angleterre. Il fut fait chevalier par le comte
d'Anjou en 1138.

Sur l'écu d'or de ce héros brillaient les *trois fasces
ondées de gueules* des de Maillé.

Peu de temps après le combat de Nazareth eut lieu
la fameuse bataille de Tibériade (5 juillet)[1] dont les
suites devinrent si funestes aux chrétiens de la Palestine. Saladin après avoir réduit cette ville en cendres
et massacré les chevaliers qui étaient venus pour la
défendre, porta ses armes victorieuses devant Na-
plouse, Jéricho, Rama, Césarée, Arsuf, Jaffa et Bey-
routh, qui lui ouvrirent leur portes[2]. Il dirigea ensuite ses pas vers Jérusalem[3], où il rencontra quelque
résistance. Mais cette ville, mal défendue, se rendit à
sa merci, après avoir rejeté avec dédain ses offres
pacifiques. Saladin fier de sa victoire entra en triom-
phateur dans la Cité Sainte, et alla remercier Dieu et
Mahomet, dans la mosquée d'Omar, du succès de ses
armes. Ensuite, il chassa de la ville tous les chrétiens
moyennant rançon. Dans cette circonstance, Saladin
se montra plus grand que Godefroy de Bouillon
et les croisés lorsqu'ils s'emparèrent de la même
ville en 1099, car ils massacrèrent tous les habitants[4].
En perdant Jérusalem, les chrétiens de la Syrie, per-
dirent le plus beau joyau de leur diadème ; maintes
fois ils ont essayé de rentrer en sa possession ; mais
leurs efforts sont toujours restés infructueux. Les
chevaliers du Temple et les Hospitaliers ne furent

---

[1] *Art de vérifier les dates*, t. X, pp. 94 et 345.
[2] Michaud, *Hist. des Croisades*, t. II, p 292.
[3] Guy de Lusignan occupait alors le trône de Jérusalem.
[4] *Hist. militaire des Français*, t. I, p. 242.

soumis par Saladin qu'aux mèmes conditions, que les autres habitants de Jérusalem, bien qu'il eût juré à Tibériade d'en débarrasser la terre [1].

Les nombreuses conquêtes du sultan d'Égypte remplirent de terreur les chrétiens qui virent dans ses victoires l'effet d'un châtiment céleste [2]. Alors, l'âme remplie de désespoir et de honte, ils ne songèrent plus qu'à fuir, ou à se laisser immoler sans résistance. Mais bientôt, au milieu d'eux s'éleva la voix puissante de Guillaume, archevêque de Tyr, dont la force et l'éclat des paroles ranima leur courage abattu et inocula dans leur cœur le feu dévorant de la vengeance. Les chrétiens surexcités alors reprirent leurs armes avec une nouvelle ardeur et marchèrent sous le commandement de Guy de Lusignan, vers Saint-Jean-d'Acre (*Ptolémaïs*) pour en faire le siège [3]. Tandis qu'ils luttaient d'ardeur et de courage contre les Musulmans, l'archevêque de Tyr franchissait la mer, pour prêcher une nouvelle croisade [4], dans les principaux États de l'Europe. Un grand nombre de princes et de puissants seigneurs répondirent à son appel et reçurent de sa main la croix, pour laquelle ils devaient ou vaincre ou mourir.

Philippe-Auguste, roi de France et Richard Cœur-

---

[1] Michaud, *Hist. des Croisades*, t. II, p. 291.

[2] *Art de vérifier les dates*, t. X, p. 27.

[3] Guy de Lusignan en commença le siège au mois d'août 1189. Saladin se porta aussitôt à la défense de cette ville avec une armée formidable.

[4] Cette croisade fut la troisième. La première avait été prêchée, en 1099, par Pierre l'Hermite, et la deuxième, en 1146, par saint Bernard.

de-Lion, roi d'Angleterre[1], ayant embrassé des premiers la cause de la guerre sainte, ils se mirent à la
tête de leurs vassaux aussitôt que les préparatifs de
l'expédition furent terminés, et allèrent au secours
des chrétiens de la Palestine. Les deux monarques,
après s'être fait à Lyon de solennels adieux, se don-
nèrent rendez-vous d'abord à Messine, ensuite sous
les murs de Saint-Jean-d'Acre[2]. Le roi de France
s'embarqua à Gênes avec ses troupes, celui d'Angleterre à Marseille[3]. Ce dernier donna le commandement de sa flotte composée de quatorze navires à un
gentilhomme de ses Etats, renommé par ses prouesses
appelé Robert de Sablé. Ce guerrier célèbre tirait son
origine de l'illustre maison de Craon, en Anjou[4], qui
avait donné à l'ordre du Temple un de ses maîtres
les plus honorables[5]. Le valeureux Robert dirigea la
flotte confiée à ses soins avec une grande habilité.
Après avoir mouillé devant Messine et Chypre, il con-

[1] Duc de Normandie et comte d'Anjou.

[2] Parmi les principaux personnages qui prirent part à cette
croisade on cite, outre les rois de France et d'Angleterre,
Léopold, duc d'Autriche, les comtes de Blois, de Bar, de Cler-
mont, de Brioude, Guy et Gaucher de Châtillon, les archevêques de Ravennes, de Pise, Cantorbéry, Besançon, etc.

[3] Avant leur départ, les chefs de la croisade convinrent que
pour distinguer chaque nation, elle porterait sur son étendard et sur ses vêtements une croix de couleur différente. On
donna aux Français la rouge, aux Anglais la blanche et aux
Allemands la verte.

[4] Robert III, seigneur de Sablé, était petit-fils de Robert,
surnommé *Vestrol* ou *Vestroil*, auteur de la maison de Sablé,
issue de celle de Craon, étant fils puîné de Robert, dit le
Bourguignon, seigneur de Craon et d'Avoise, dame de Sablé.

[5] Robert III, surnommé le Bourguignon.

duisit l'armée de Richard à Saint-Jean-d'Acre[1], où les troupes de Philippe-Auguste étaient déjà arrivées.

Dans les luttes sanglantes qui s'engagèrent alors entre les chrétiens et les musulmans, Robert de Sablé fut vivement impressionné de la bravoure invincible des Templiers. Il sentit aussitôt naître en lui le désir d'entrer dans cette milice. S'étant présenté devant les chevaliers, ceux-ci lui firent un bon accueil et voulurent que ses brillants exploits lui servissent de probation (1191). La grande maîtrise était alors vacante depuis près de deux ans, par la mort de Gérard de Rochefort, qui avait succédé au téméraire Terric. Les chevaliers voulant lui donner un successeur, portèrent tous leurs regards vers leur nouveau frère d'armes, Robert de Sablé, dont ils avaient promptement apprécié les grands talents militaires et les nobles qualités du cœur. Aussi, d'un commun accord, l'élevèrent-ils à la première dignité de leur ordre (1191). Robert sut se rendre digne de cet honneur par sa sagesse, sa prudence, et son intrépidité au combat. Au siège d'Acre, il aida puissamment les croisés, non

---

[1] Saint-Jean-d'Acre, appelé également *Acre*, *Acca*, *Accon* ou *Ptolémaïs*, fut le théâtre de plusieurs sièges importants à cause de la position territoriale de son port, de ses fortifications et de ses richesses qui rendaient cette vi le aussi nécessaire aux chrétiens pour conserver Tyr, Antioche, Tripoli, qu'aux Turcs pour assurer la communication de l'Égypte avec la Syrie. — Acre, possédée pendant longtemps par les Mahométans, tomba en 1104 au pouvoir des chrétiens. Saladin la reconquit sur eux le 8 juillet 1187. Guy de Lusignon, roi détrôné de Jérusalem, voulut la reprendre, et en commença le siège au mois d'août 1189. Ce fut le prélude de la troisième croisade.

seulement de sa redoutable épée, mais encore de ses
sages conseils. Lorsque cette ville malheureuse se
fut rendue par capitulation[1], le grand-maître Robert
reçut en récompense des services de son ordre une
fraction de cette ville, que les croisés divisèrent en
autant de parties qu'il y eut de nations qui partici-
pèrent à son siège[2]. Peu de temps après la reddition
d'Acre, les Templiers sous la conduite de leur chef
et du roi d'Angleterre, attaquèrent dans la plaine
d'Asoph[3] les troupes de Saladin ; après un combat
opiniâtre, la victoire fut pour les chevaliers. Vers la
fin de la même année, le roi d'Angleterre vendit ou
engagea pour la somme de vingt-cinq mille marcs
d'argent, au grand-maître Robert, l'île de Chypre
qu'il avait conquise, en faisant voile pour la Palestine,
sur le tyran Isaac Comnène. Cent chevaliers furent
envoyés par le grand-maître pour en prendre possession et la garder. Les habitants se soulevèrent contre
eux et voulurent les massacrer ; les Templiers décla-
rèrent alors à Richard « qu'ils ne voulaient pas être
« les gardiens de cette île habitée par un peuple aussi

[1] Cette ville capitula le samedi 13 juillet (17 de *dgiourmadi
el aker*) 1191, après avoir soutenu un siège de trois années.
Elle fut reprise plus tard par les Musulmans qui la détrui-
sirent en partie.

[2] Lorsque les chrétiens furent entrés dans Saint-Jean d'Acre,
ils s'en partagèrent la souveraineté ; chaque nation prit possession d'un des quartiers de la ville, qui eut bientôt autant
de maîtres qu'elle avait eu d'ennemis. L'ex-roi de Jérusalem,
Guy de Lusignan, fut le seul qui n'obtint rien dans le partage
de la première place de son ancien royaume.

[3] Nommée aussi *Azach, Asophia, Tanaïs.*

« perfide que lâche[1] ». Le magistère de Robert de Sablé ne fut qu'une suite de combats, accompagnés de victoires ou de défaites. Parmi ses revers, un des plus grands qu'il éprouva eut lieu en 1194 ; il fut complètement battu avec les Hospitaliers par le miramolin d'Afrique. Robert de Sablé survécut peu à cette défaite, il décéda, selon Ménage, l'année suivante (1195)[2]. Ce grand-maître avait pour blason : *d'or, à l'aigle d'azur*.

Après la mort de Robert de Sablé, le magistère du Temple fut occupé par Gilbert Horal, qui eut pour successeur, en 1201, un noble angevin d'illustre race, nommé Philippe du Plessiez[3]. Ce grand-maître des Templiers était né aux portes d'Angers, dans la vieille forteresse du Plessis-Macé[4]. A l'époque de la troi-

---

[1] Le roi d'Angleterre ayant annulé la cession qu'il avait faite de Chypre aux Templiers, il donna cette île à Guy de Lusignan qui y fonda le royaume de Chypre que ses descendants possédèrent pendant plusieurs siècles.

[2] Avant d'entrer en religion, Robert de Sablé avait contracté deux unions : le première avec Marguerite de Chaource et la seconde avec Clémence de Mayenne, dont il eut un fils nommé Guillaume, seigneur de Cornillé, et deux filles. Une d'elles épousa Guillaume des Roches, sénéchal héréditaire d'Anjou, du Maine et de Touraine. — Parmi les fondations pieuses qui se rattachent à Robert de Sablé, on doit citer l'abbaye du Gaut, qui lui dut son origine (1189). Le gendre de Robert, Guillaume des Roches, transféra, en 1209, cette abbaye au Perray-Neuf, où elle fut habitée par des Prémontrés.

[3] Il fut le dix-septième grand-maître du Temple selon Du Cange, et le treizième seulement d'après l'*Art de vérifier les dates*, t. X, part. II, p. 348.

[4] Elle devait son origine à Mathieu du Plessiez ou du Plessis,

sième croisade, il fut du nombre des gentilshommes qui franchirent la mer, pour aller au secours des chrétiens d'Orient. Ce fut dans cette occasion qu'il connut, comme Robert de Sablé, les chevaliers du Temple et entra dans leur ordre. Devenu grand-maître en 1201, il ouvrit son magistère par une expédition qu'il fit, dans les environs d'Acre, sur les terres des Sarrazins, où, dit Bernard le Trésorier, les chevaliers prirent un grand nombre de femmes et un riche butin, qu'ils partagèrent avec leurs compagnons d'armes les Hospitaliers[1]. Dans la même année, le grand-maître du Plessiez fut moins heureux dans la guerre qu'il soutint contre le roi d'Arménie qui lui enleva le fort Gaston, situé dans la principauté d'Antioche. Voulant punir cet outrage, il fit déployer l'étendard de la milice l'année suivante (1202) et marcha avec ses chevaliers contre l'usurpateur. Après quelques combats, dont les avantages furent partagés, le roi et le grand-maître convinrent d'une suspension d'armes[2], jusqu'à l'arrivée du légat qu'ils demandèrent au Pape pour juger l'offense. Mais, avant la venue de l'arbitre sacré, le monarque d'Arménie chassa

qui lui donna son nom. Le mot Macé est venu, selon Ménage, de *Matheus, Mazzeus, Mahé,* desquels on a fait *Macé.*

[1] *« Li Templiers et li Hospitaliers, li un fit l'avant-garde et « l'autre l'arrière-garde ; au point du jor furent entrés en terre « de Sarrazins et sespandirent par le païs, proie cueillirent, mult « prinstrent fames et enfans et grant gains i firent. »* (Bernard le Trésorier, continuateur de Guillaume de Tyr, p. 280.)

[2] Cette convention fut, dit-on, l'effet d'une impuissance réciproque.

les Templiers de son royaume et fit saisir tous les
biens qu'ils y possédaient[1]. Pendant la première
année du magistère de Philippe du Plessiez, une
guerre sanglante et scandaleuse s'était également
engagée entre les chevaliers du Temple et de Saint-
Jean de Jérusalem, pour une terre que ces derniers
avaient inféodée et dont les Templiers réclamaient la
propriété. Après plusieurs combats le Pape intervint
encore dans cette affaire et donna gain de cause aux
Hospitaliers[2]. Cette sentence indisposa fortement les
Templiers contre la cour de Rome ; elle fit que dans
plusieurs occasions, ils rejetèrent avec dédain les
remontrances de ses légats, et méprisèrent les avis
qui émanaient d'elle. Le souverain pontife, Innocent III, les en reprit vertement dans une lettre qu'il
leur adressa en 1208. Ce fut vers cette époque que les
Templiers commencèrent à se répandre dans toute
l'Europe. Alors les grands seigneurs se plurent à
l'envi l'un de l'autre à augmenter leurs richesses, par
des donations innombrables qui les rendirent bientôt
plus riches que des rois.

Cette abondance de fortune obligea les Templiers

---

[1] Ce démêlé fut terminé par le pape (1213) à l'avantage de
l'ordre, quoiqu'il y ait eu des plaintes portées en cour de
Rome contre les Templiers.

[2] Cette querelle fut le commencement des guerres très vives
qui existèrent entre les deux ordres Dans un combat qui eut
lieu entre eux, en 1259, les chevaliers se battirent avec une
fureur si grande, qu'à peine les Hospitaliers qui furent vainqueurs, laissèrent-ils un Templier vivant pour porter dans les
places de son ordre la nouvelle de cette défaite.
Art de vérifier les dates, t. X, part. II, p. 948.

à créer des établissements seigneuriaux, dans les grands centres de leurs fiefs, pour y loger des membres de leur ordre chargés de percevoir les redevances et de rendre la justice à leurs vassaux. C'est de cette époque que date l'origine des maisons seigneuriales [1] du Temple et de Saint-Blaise d'Angers, qui eurent pour fondateur le grand-maître Philippe du Plessiez.

Une de ces maisons, celle de l'Hôpital du Temple, dite de Saint-Blaise, était située dans l'intérieur de la ville, entre les fortifications et l'église paroissiale de Saint-Denis; l'autre, au contraire, était *extra muros* et s'élevait entre la collégiale royale de Saint-Laud et le prieuré de l'Esvières : c'était la plus importante des deux. D'épaisses murailles entouraient son logis; elles lui donnaient l'aspect d'un fort isolé au milieu des vastes champs qui l'entouraient. L'intérieur de cette forteresse, semi féodale et religieuse, renfermait des appartements dans lesquels logeaient les chevaliers de l'ordre, lorsqu'ils venaient à Angers.

Tandis que le grand-maître du Plessiez travaillait à l'établissement de son ordre en Europe, ses chevaliers se couvraient de gloire en Espagne à combattre les Maures[2]. Leurs armes y furent toujours victorieuses jusqu'en 1217, époque de la mort de Philippe du Plessiez[3].

---

[1] Quelques auteurs ont donné mal à propos le nom de *commanderies* aux maisons des Templiers ; cette désignation ne peut être donnée qu'à celles des chevaliers de Saint-Jean de Jérusalem ou de Saint-Lazare.

[2] *Art de vérifier les dates*, t. X, part. II, p. 349.

[3] Philippe du Plessiez devait être fils de Foulques du Plessiez.

Les Templiers étaient redevables à ce grand-maître de leur prospérité qui s'était trouvée un instant affaiblie après la bataille de Tibériade et les sièges de Jérusalem et de Saint-Jean-d'Acre. Les successeurs de du Plessiez continuèrent son œuvre et marchèrent su ses traces en imitant même jusqu'aux défauts que la Cour de Rome lui avait reprochés.

Le grand-maître Philippe du Plessiez portait pour blason comme ses ancêtres : *de gueules, fretté d'or de six pièces.*

Après le décès de du Plessiez, la grande-maîtrise du Temple fut occupée successivement par plusieurs français, parmi lesquels Ménage cite Guillaume de Château-Gontier. Malheureusement il n'existe aucune preuve que cet angevin ait été promu au magistère de l'ordre. Ni le président Boissieu, ni Du Cange et les auteurs de l'*Art de vérifier les dates*, n'ont fait mention de ce personnage dans leurs listes des maîtres du Temple[1]. Aussi, est-il plus prudent de supposer qu'il n'a rempli que les fonctions de visiteur de l'ordre. Un acte cité par Ménage pourrait servir à l'appui de cette assertion : « Dans une donation, « dit-il, faite en 1260, par Guy de Laval le jeune, « aux Templiers, il est fait mention de ce chevalier. » On sait qu'ordinairement les visiteurs des ordres religieux ont le pouvoir d'accepter et de ratifier les dons faits à leur congrégation. C'est peut-être en

et d'Agnès, fille d'Albéric de Montejean, et petit-fils de Mathieu du Plessiez, fondateur du Plessis-Macé.

[1] Ce ne serait pas une preuve irrécusable, car ces listes ne sont pas d'accord entre elles.

cette qualité que Guillaume de Château-Gontier figure dans ce titre.

Par son origine, ce chevalier appartenait à l'une des plus illustres maisons de France, celle des comtes de Bellême et d'Alençon, d'où était sorti Renaud de Bellême, auteur de la maison de Château-Gontier[1]. L'histoire n'a rien conservé des actions du Templier Guillaume, même pas la date de sa mort. Il portait pour blason : *d'or, à trois chevrons de gueules.*

D'autres angevins ont dû faire partie de la milice du Temple, mais leurs noms sont restés inconnus. On doit en attribuer la cause aux vicissitudes qu'ont subies les archives de cet ordre et à l'ignorance de ses membres qui ne savaient ni lire ni écrire[2].

A la fin du XIIIᵉ siècle, les Templiers possédaient dans l'Europe, assure Mathieu Paris, plus de neuf mille couvents ou seigneuries, desquelles dépendaient

---

[1] La seigneurie de Château-Gontier entra dans la maison de Bellême, lorsque Geoffroy-Martel donna en mariage sa nièce, Béatrix, à Renaud de Bellême, premier du nom. Ce fut la postérité de ce seigneur qui prit le nom de CHATEAU-GONTIER.

La ville et la forteresse de Château-Gontier avaient été bâties par Foulques-Nerra, comte d'Anjou, qui lui avait donné le nom de *Gontier*, son concierge. Cet homme en fut le seigneur châtelain vers 1007. Peu de temps après, Foulques-Nerra donna la garde de cette forteresse à Yvon, fils d'Yves, comte de Bellême et d'Alençon.

De la maison de Bellême est sorti, outre un grand nombre de guerriers célèbres, Sigefroy, Avesgaud et Gervais de Bellême, évêque du Mans, Yves, seigneur de Bellême, évêque de Sées, et la fameuse Mabille, femme de Roger de Montgommery. (V. sur cette maison : Ord. Vital ; René Courtin ; Bry ; Odolant Desnos ; Fret, etc.)

[2] Même pas le dernier grand-maître, Jacques de Molay.

une infinité de fiefs qui rapportaient chaque année des revenus immenses à l'ordre. De semblables richesses attirèrent peu à peu sur les chevaliers plus d'un regard convoiteur qui causèrent leur perte. La grande-maîtrise de l'ordre était alors occupée par Jacques de Molay, brave gentilhomme Bourguignon [1], dont le magistère fut des plus malheureux. Car il vit l'envie accompagnée de la haine susciter contre lui et ses chevaliers les plus noires, les plus indignes accusations, qui finirent par renverser leur ordre et les écraser dans sa ruine. Le roi de France, Philippe-le-Bel, ne fut pas étranger à leurs malheurs ; il y travailla au contraire de tout son pouvoir, et lui-même y mit la première et la dernière main. L'appât de leurs trésors ne fut pas, ajoutent les historiens, le seul motif qui excita le monarque français contre eux. Le parti qu'ils prirent contre lui, dans les démêlés qu'il eut avec le pape Boniface VIII, suffit pour qu'il leur vouât une haine implacable et qu'il résolût leur anéantissement (1303). Philippe cacha pendant plusieurs années son ressentiment et médita en silence la perte des chevaliers. Afin qu'ils ne lui échappassent point, il les flatta, leur déféra des honneurs, et même alla jusqu'à choisir le grand-maître, Jacques de Molay, pour parrain d'un de ses fils, qu'il présenta aux eaux du baptême [2].

Lorsque le roi eut mûri ses projets de vengeance, il les communiqua à un des membres de sa famille,

---

[1] Il descendait de la maison des sires de Longwic et de Laon.

[2] *Art de vérifier les dates*, t. X, part. II, p. 356.

qui, comme lui, avait reçu des chevaliers plus d'un affront et voulait les en punir. Ce confident était le comte d'Anjou, Charles III [1], qui n'avait point oublié l'hommage que les Templiers avaient rendu au roi de Chypre, en qualité de roi de Jérusalem, contrairement aux droits de ses prédécesseurs, et l'appui qu'ils avaient accordé à la maison d'Aragon, lorsqu'elle disputa, par les armes, à celle d'Anjou, le trône de Sicile.

Philippe et Charles s'unirent alors pour saper jusque dans ses fondements un ordre qui leur était devenu odieux. Pour y parvenir, le roi s'assura le concours du chef de l'Église. Lorsqu'il put y compter [2], il adressa le 14 septembre 1307, des lettres closes à tous les sénéchaux et les gouverneurs de ses États, avec injonction de ne les lire que le vendredi 13 octobre suivant et d'exécuter dès l'aube du jour les ordres qu'elles renfermaient.

[1] Ce comte était Charles de Valois, frère de Philippe le Bel, devenu comte d'Anjou et du Maine par son mariage avec Marguerite, fille de Charles le Boiteux, roi de Naples et comte d'Anjou (1290).

[2] A Boniface VIII, qui était mort de colère pendant les querelles scandaleuses qui existaient entre lui et le roi (1303), avait succédé Benoît XI, qui ne posséda le trône pontifical qu'un an (1304). A cette époque, Philippe le Bel offrit. dit-on. à Bertrand de Goth, archevêque de Bordeaux, de le faire pape s'il voulait coopérer au grand projet qu'il méditait contre l'ordre du Temple. Une abbaye retirée, située au milieu d'une forêt, à quelque distance de Saint-Jean-d'Angély, fut témoin de l'entrevue mystérieuse où le monarque dit à l'archevêque qu'il le ferait pape, et où le futur pape promit au roi de le servir (1305).

Dans ses missives Philippe disait à ses officiers qu'ayant su que l'ordre du Temple n'était plus qu'un hideux assemblage d'hommes infâmes, odieux à la terre, réprouvé du ciel, il leur ordonnait de se saisir de leurs personnes, de les jeter en prison, d'informer leur procès et de confisquer tous leurs biens en son nom.

En lisant cet ordre, les juges royaux furent remplis de surprise. Car, assurément, si la milice du Temple n'était plus ce qu'elle avait été à son berceau, dans ces temps d'héroïque simplicité où elle excitait l'admiration de saint Bernard, elle n'était pas non plus le réceptacle du crime dont Philippe l'accusait. Le plus grand reproche qu'on pouvait adresser aux chevaliers, était d'être devenus riches et puissants, et d'avoir oublié leurs vœux, un seul excepté : « celui de ne « jamais fuir en présence de trois ennemis. »

Bien que la plupart des juges ne crussent pas aux nombreuses accusations dont on chargeait les Templiers, ils n'en remplirent pas moins le mandat qui leur avait été adressé. Dans la journée du 13 octobre, ils procédaient à leur arrestation et après les avoir chargés de chaînes ils les enfermèrent dans de sombres cachots[1]. A peine la porte de ces lieux de douleur se fut-elle refermée sur eux, que l'Université, les chanoines de Notre-Dame, les communautés et les corporations de Paris furent convoqués dans le jardin du roi. On demanda aux docteurs si le chef de

---

[1] L'ordre comptait à cette époque quinze mille chevaliers, la plupart Français, qui étaient répandus dans toute l'Europe.

l'État avait le droit de poursuivre les accusés ; ils répondirent que l'Église seule était juge des hérésies. D'après cette réponse, l'inquisiteur, Guillaume de Paris [1], fut chargé de diriger les informations préliminaires. Mais les sénéchaux eurent, cependant, l'ordre de commencer l'interrogatoire des accusés, après les avoir tenus au secret ; de les faire appliquer à la torture en présence du subdélégué de l'inquisition ; de promettre le pardon à ceux qui avoueraient les crimes dont ils étaient chargés et de menacer du dernier supplice ceux qui les nieraient.

Le premier mouvement du pape en apprenant ce qui se passait à Paris, fut de l'étonnement et de l'indignation Il ordonna aussitôt aux inquisiteurs et aux évêques qui les secondaient de suspendre les informations ; la milice du Temple appartenait en quelque sorte au Saint-Siège, et ce n'était pas au roi à prendre l'initiative des poursuites générales. Clément V pouvait alors relever admirablement la dignité de sa tiare, s'il eût persisté dans son opposition, s'il eût courageusement imité le rôle de la plupart de ses prédécesseurs, médiateurs imposants entre le fort et le faible. Dès que Philippe vit son mécontentement, il courut à Tours convoquer les nobles, les prêtres et le tiers-état (1308) [2]. Cette Assemblée, frappée de l'énormité des accusations, demanda « au nom du « peuple français » que les Templiers fussent mis en

---

[1] Frère Guillaume Humbert, de Paris, dominicain et grand inquisiteur de France, était le confesseur du roi.

[2] Joh. canon. Sancti Victori, p. 456. — Contin. Nangii, p. 61.

jugement; elle autorisa le roi à les poursuivre; elle déclara « que si tout le clergé tombait dans l'erreur, « tout le clergé pouvait et devait être poursuivi, » De Tours, Philippe se rendit à Poitiers, où le pape venait d'arriver; il baisa les pieds du Saint-Père et lui montra la décision de l'Assemblée générale : les deux souverains se disputèrent alors, puis le pape s'apaisa, et tâcha le lendemain de s'enfuir. Mais le fils aîné de l'Église le fit arrêter à la porte de la ville, lui et tous ses bagages. Il fallut bien se soumettre. Ce jour-là, Clément V dut trouver un peu dures les conditions secrètes de son pontificat. Que lui restait-il à faire? Lutter avec Philippe... Mais, il était entre ses mains, mais Boniface, l'indomptable Boniface y avait succombé. Clément ne résista plus.

Afin de sauver les apparences de son droit, il envoya à Paris une commission composée de quatre évêques pour continuer les procédures [1] et préparer ainsi les délibérations du futur concile de Vienne, où le jugement de l'ordre devait avoir lieu. Mais il ne vit pas le grand-maître ni d'autres accusés, qui avaient demandé à paraître devant lui. On ne les amena que jusqu'à Chinon, sous prétexte qu'ils étaient fatigués, malades, hors d'état d'aller plus loin. Ce furent des cardinaux qui les interrogèrent. Ils retournèrent ensuite dans leurs prisons.

Plus d'espoir pour eux, ils reconnurent que leur perte était résolue. Depuis l'île de Chypre jusqu'en Norwège, il fut enjoint à toute la chrétienté, divisée

---

[1] *Bulla Clementis V, in* Labbei *Conciliis*, t. XI, p. 1503.

en arrondissements de juridiction ecclésiastique,
d'instruire ce procès gigantesque. Par la suite, comme
on apprit que les accusés niaient unanimement les
crimes qui leur étaient imputés, aux premiers ordres
se joignit celui d'arracher les aveux par la torture.

Les tourments que l'on exerça alors sur eux furent
des plus cruels. Un grand nombre périrent entre les
mains des bourreaux, avant leur condamnation,
avant leur supplice! Ceux auxquels le feu des bra-
siers, les tortures du chevalet, arrachaient des confessions, les révoquaient dès que les bourreaux
avaient suspendu leur œuvre infernale [1].

Quand on considère les charges qui avaient amené
sur leurs têtes le glaive d'une justice passionnée, on
est frappé d'étonnement. Elles portaient avec elles
un caractère évident d'invraisemblance ; mais au
xive siècle, leur étrangeté et leur invraisemblance, en
étonnant les esprits, furent cause qu'on les admit
généralement : c'était à peu près les mêmes qu'on fit
valoir pour condamner la mémoire du pape Boniface VIII. Le crime des accusés, c'était d'avoir renié
Dieu, la Vierge et les saints : « Et passoit par dessus
la croix », disent les *Chroniques de Saint-Denis*, en parlant des impiétés commises envers le Christ dans les
réceptions « et sur doulce figure crachoient »; d'avoir

---

[1] Contin. Nangii, fol. 60. — *Chroniques de Saint-Denis*, t. II,
fol. 138. — Gio Villani, l. VIII, c. xcii, p. 430. — Raynaldi,
Ann. Eccles., 307, § 12. — Joh. canon Sancti Victoris, fol. 454.
On donnait aux accusés selon qu'ils avouaient, niaient ou
se rétractaient, la qualification de reconciliés, de non reconciliés et de relaps. Les relaps étaient réservés pour le bûcher.

admis le diable dans les chapitres de l'ordre sous la
forme d'un chat, ou d'autres démons sous celle de
femmes ; d'adorer une figure baffometique de
Mahomet, en criant Y *allah* ; d'avoir une idole à crâne
humain ou à trois faces, portant barbe d'argent : « Et
« ycelle avoit ès fosses des yeulx escharboucles
« reluysans comme clarté du ciel » ; de ceindre cette
idole de cordons qu'on portait ensuite sur la chair ;
d'avoir introduit dans les réceptions des coutumes
dégoûtantes ; de permettre ou d'exiger les infamies
les plus monstrueuses ; de tuer ceux qui ne voulaient
pas se soumettre aux statuts secrets, enfin pour
comble d'horreur, on prétendait « qu'ung enfant
« nouveau engendré d'un Templier en une pucelle,
« estoit cuyt et rousty au feu, et toute la gresse
« ostée, et de celle estoit sacrée et oincte leur
« ydole[1]. »

Les chevaliers, pour se justifier contre toutes ces
accusations, rédigèrent une défense en commun[2] et
demandèrent qu'on consultât leurs statuts dans chaque
pays ; même que l'on permît aux prêtres de révéler
les confessions des mourants. Leurs demandes furent
infructueuses, on les rejeta et même on alla jusqu'à
leur refuser l'organe des avocats pour prouver leur
innocence.

Tout à coup, les procédures que les commissaires
du pape dirigeaient cessèrent par une mesure inatten-
due de Philippe le Bel. Il venait de faire donner le

---

[1] *Chroniques de Saint-Denis, Règne de Philippe le Bel.* — Rob.
Gaguin, *Hist.*, l. VII, p. 12.

[2] Dupuy, *Condamnat. des Templiers*, p. 137 et suiv.

siège archiépiscopal de Sens à Philippe de Marigni, frère d'Enguerrand, ministre de ses finances[1]. Un concile provincial fut alors installé à Sens, sous la présidence de l'archevêque. La poursuite de l'ordre y fut dirigée avec une activité qui parut plaire au roi ; car ce concile, plein de zèle, ne tarda pas à être trans féré à Paris.

Après les premiers interrogatoires, tous les chevaliers qui rétractèrent les aveux qu'ils y avaient faits furent immédiatement condamnés à être brûlés vifs comme relaps. Plusieurs bûchers furent construits, le 12 mai 1311, tant à Saint-Denis qu'à Saint-Antoine, au milieu de deux parcs fermés de palissades Là, furent amenés cinquante-neuf chevaliers de l'ordre du Temple. On les lia chacun à un poteau et on les brûla peu à peu : d'abord aux pieds, puis aux jambes, de telle manière « qu'ils eurent moult à souffrir de peine et de douleur[2]. »

Dans le reste de l'Europe le procès de l'ordre n'eut pas de si terribles résultats. A Mayence, les chevaliers se défendirent victorieusement ; ils affirmèrent, comme preuve de leur innocence, que le feu des bûchers avait respecté les manteaux et les robes de leurs frères. En Portugal, ils furent conservés sous

---

[1] C'est cet Enguerrand de Marigni que Charles de Valois, comte d'Anjou, fit pendre en 1315, après la mort de Philippe le Bel.

[2] Dupuy, *loc. cit.*, p. 52. — Cont. Nangii, p. 63. — Gio Villani, l. VIII, c. xxii, p. 444. — Bernardi Guidonis, *Vita pontif.*, c. iii, p. 576. — Raynaldi, *Ann. Eccles.*, 1310, § 40. — *Les Grandes Chroniques de France*, disent à tort que cette exécution eut lieu en 1309.

le nom de chevaliers du Christ; en Aragon, incorporés à l'ordre de Notre-Dame de Montesa; en Angleterre, en Écosse, les peines n'allèrent pas au delà de la réclusion.

Tandis qu'en France les conciles provinciaux envoyaient chaque jour des victimes au bûcher; Clément V faisait adresser des lettres de convocation à tous les rois, les archevêques et les évêques de la chrétienté, afin qu'ils assistassent au concile œcuménique, qu'il devait présider, le 1er octobre 1311, dans la ville de Vienne en Dauphiné [1].

Trois cents prélats seulement répondirent à l'appel du pape [2], qui avait ajourné l'ouverture du concile au 1er novembre. Une troupe de malheureux proscrits, qui erraient dans les montagnes du Lyonnais, y députèrent neuf d'entre eux pour défendre l'ordre. Les pères du concile étaient disposés à les entendre. Le pape parut effrayé. Il les fit mettre aux fers, redoubla sa garde et écrivit à Philippe le Bel de veiller à sa propre sûreté [3]. Le roi de France répondit à l'avis officieux en venant prendre place au concile un peu au-dessous du pape, il est vrai, mais au-dessus de lui en réalité, puisqu'il se servait de sa main si dévouée pour terrasser une corporation qui lui avait paru redoutable.

Après la première session du concile, le pape tint plusieurs consistoires secrets dans lesquels le sort

---

[1] Labbei, *Concil. Gener.*, t. XI. part. II, p. 1539, seq.

[2] Raynaldi, *Annal.* 1311, § 52. — Gio Villani, l. IX, c. xxii, p. 454.

[3] Sismond-Sismondi, *Hist. des Français*, t. IX, ch. xxxiii.

des Templiers fut définitivement jugé [1]. Parmi les discours qu'un grand nombre de prélats prononcèrent dans ces assemblées, un seul a été conservé : celui, dit-on, de Guillaume Le Maire, évêque d'Angers. L'ex-pénitencier s'exprima ainsi : « Je sais qu'il « y a des gens qui voudraient qu'on usât de ménage- « ments à l'égard d'un ordre dont l'institution est « sainte et qu'ils prétendent être un des ornements « de l'Église, pour moi qui suis informé que cet « ordre militaire est entièrement discrédité, tant pour « ce qui regarde la Foi, que par rapport aux mœurs, « et qu'ainsi il ne peut que nuire à l'Église sans pou· « voir lui être utile ; je crois qu'il faut pratiquer à « son égard cette leçon de l'Évangile : Si ton œil te « scandalise, hâte-toi de l'arracher. Par cette raison, « je suis d'avis qu'on procède sans délai à la sup- « pression de l'ordre des Templiers [2]. »

En parlant ainsi, l'évêque d'Angers savait que son opinion serait agréable au roi de France et au comte d'Anjou [3].

Dans le consistoire secret du 22 mars 1312, Clément V supprima, non par condamnation, mais par voie de provision, l'ordre du Temple. Le 3 avril suivant, dans la seconde session du concile, il proclama l'abolition de l'ordre en présence de Philippe le Bel,

[1] Bertrandi Guidonis *in Vita Clement. V. — Script. Ital.*, t. III, part. II, p. 463. — Raynaldi, 1312, §§ 1 et 2.

[2] Luca Acherii, *Spicilegium*, t. X, p. 354 et suiv.

[3] Charles de Valois avait fait exécuter dans ses comtés de Provence et d'Anjou les mêmes ordres que Philippe le Bel dans ses États.

de ses trois fils, de Charles de Valois et des principaux officiers de la couronne [1]. Ainsi fut anéanti, dit l'inquisiteur Bertrand Guidonis, l'ordre du Temple, après avoir combattu cent quatre-vingt-quatre ans et avoir été comblé de richesses et orné des plus beaux privilèges par le Siège apostolique

La sentence de Clément V n'assouvit pas entièrement l'âme vengeresse de Philippe le Bel. Le monarque voulut que les victimes qui gisaient encore dans le fond des cachots fussent immolées à son ressentiment.

Jusqu'au 18 mars 1313, les flammes des bûchers avaient respecté les dignitaires de la milice du Temple ; mais à cette époque un échafaud fut dressé sur le parvis Notre-Dame. Jacques de Molay y monta, lui et trois autres chefs de l'ordre, pour entendre lire au nom du pape leur sentence de perpétuelle réclusion. Alors ce noble chevalier, qui, pendant le cours de sa longue captivité, avait été séparé de ses compagnons, éloigné du pape, privé de toute consola-

---

[1] « *L'an mil trois et douze,* disent *Les Grandes Chroniques de* « *France, le lundy apres Quasimodo fu le second siege du concile* « *en la grant cité de Vienne celebré. Et la vint le Roy Philippes* « *ly Biaux avec ses freres et ses fils enuiron la mi-Keresme et* « *auoit grant compagnie de barons et de nobles hommes. Et se sist* « *le Roy a la dextre du Pape, plus haut que les autres, mais il* « *estoit plus bas que le Pape. Et prinst le Pape son theme :* non « *resurgunt* impii in judicio, *c'est-à-dire :* « *les mauvais ne se* « *relevent point en jugement.* » A donc Pape Clement ou Concile « *general l'Ordre du Temple, non par voye de definitive sentence* « *comme il ne fust pas vaincu, mais par voye de prouision, et de* « *pouruéance du siege de l'Apostoile quassa du tout en tout, et* « *annulla illec l'Ordre du Temple.* » (Fol. 1633.)

tion, s'avançant sur le bord de l'échafaud, jeta un regard triste mais assuré vers un bûcher que les bourreaux préparaient à quelque distance de là : c'était le signe effrayant et certain du sort qui lui était réservé s'il rétractait ses aveux. Il secoua les chaînes dont il était chargé et jeta ces dernières paroles à la foule assemblée, paroles énergiques, que la mort menaçante rendait sublimes [1] :

« Il est bien juste, dit-il, que dans un si terrible
« jour, et dans les derniers moments de ma vie, je
« découvre toute l'iniquité du mensonge et que je
« fasse triompher la vérité. Je déclare donc à la face
« du ciel et de la terre, j'avoue, quoique à ma honte
« éternelle, que j'ai commis le plus grand des crimes,
« mais ce n'a été qu'en convenant de ceux qu'on im-
« pute avec tant de noirceur à notre ordre. J'atteste,
« et la vérité m'oblige d'attester qu'il est innocent.
« Je n'ai même fait la déclaration nécessaire que
« pour suspendre les douleurs excessives de la tor-
« ture et pour fléchir ceux qui me la faisaient souf-
« frir. Je sais les supplices qu'on a infligés à tous les
« chevaliers qui ont eu le courage de révoquer une
« pareille confession. Mais l'affreux spectacle qu'on
« me présente n'est pas capable de me faire confir-
« mer un premier mensonge par un second ; à une
« condition si infâme, je renonce de bon cœur à la
« vie [2]. »

<hr>

[1] De Vaublanc, *Vie de Jacques de Molay.*
[2] Villani, l VIII, c. xcii. — Pap. Mass. *in Phil. pub.* — Mariana, t. III, l. XV, p. 332. — Vely, *Hist. de France*, t. VII, p. 459.

Ces mots d'un homme qui était si près de la mort, et d'un homme qui avait marché de pair avec les souverains, produisirent une impression extraordinaire. Parmi le peuple, c'était de la pitié et de la surprise ; dans le cœur des légats du pape, c'était un sentiment de honte ; le prisonnier échappait à leur sentence, il allait plus loin, il allait à la mort ; dans l'âme des officiers du roi, ce fut quelque chose qui ressemblait à de la rage. Le même jour, au même instant, le conseil fut assemblé en toute hâte. Les prélats remirent le condamné au Prévôt de Paris. Plus de procédure, plus d'interrogatoire, plus de question. Il avait parlé, il s'était rétracté, il semblait que l'ordre entier s'était rétracté par sa bouche... Un ordre vint d'allumer le bûcher.

Ce fut à la pointe de l'île aux Juifs, au lieu même où est la fontaine Dessaix (place Dauphine), que ce lamentable holocauste fut offert à la politique d'un pape et d'un roi.

Jacques de Molay monta sur le bûcher vers l'heure de vêpres, avec le compagnon de ses infortunes, Guy, commandeur de Normandie et frère du dauphin d'Auvergne. On les lia au pilier et l'on ménagea le feu de manière qu'ils souffrissent beaucoup et succombassent lentement [1]. On demanda au grand-maître d'avouer les crimes, mais il ne cessa au contraire de protester de son innocence et de celle de l'ordre. Il se montra digne du nom de *soldat du Christ ;*

[1] Contin. Nangii, p. 67. — Joh. Can. Sancti Victoris, p. 46. — Annal. Augerius, p. 449. — Guidonis, p. 678. — Raynaldi, *Ann. Eccles.*, 1313, §§ 38 et 39.

il éleva son âme vers le ciel ; son chant funèbre fut un hymne de louanges à son Créateur, tandis que la flamme dévorait ses membres et qu'une affreuse odeur de chair brûlée répandait partout l'horreur et la pitié. « Et ainsi, dit la *Chronique de Saint-Denis*, ils « furent ars et leur os ramenez en pouldre. »

Telle fut la fin de Jacques de Molay, dernier grand-maître de l'ordre du Temple. Ses fers ont fait son illustration. La colère d'un roi n'a pu le flétrir : elle l'a immortalisé !

Mézerai a écrit que vers la fin de cette heure d'agonie, lorsque Molay n'avait plus que la langue de libre, presque étouffé qu'il était par la fumée, il s'écria : « Clément, juge inique et cruel bourreau, je t'ajourne « à comparaître dans quarante jours devant le tribu-« nal du souverain Juge. » On dit aussi qu'il ajourna le roi de France dans le délai d'une année [1].

On n'a aucun témoignage qui prouve l'authenticité de cette prophétie. Seulement il est certain que Clément V mourut quarante jours après et Philippe le Bel à la fin de l'année suivante (1314).

---

[1] Mézerai, *Hist. de France*, t. V, p. 386. — Paroles que Raynouard a reproduites ainsi dans sa tragédie : *La Ruine des Templiers* :

> « Mais il est dans le ciel un tribunal auguste
> « Que le faible opprimé jamais n'implore en vain,
> « Et j'ose t'y citer, ô pontife romain !
> « Encore quarante jours, je t'y vois comparaître ! »
> Chacun en frémissant écoutait le grand-maître.
> Mais quel étonnement, quel trouble, quel effroi,
> Quand il dit : « O Philippe ! ô mon maître ! ô mon roi !
> « Je te pardonne en vain, ta vie est condamnée ;
> « Au tribunal de Dieu, je t'attends dans l'année ! »

Hugues de Péralde, grand-visiteur de France, le grand-prieur d'Aquitaine, les maîtres et les précepteurs d'Outre-Mer, d'Aquitaine, de Poitou et de Provence, ayant confirmé dans l'appréhension du bûcher les aveux qu'ils avaient faits, furent enfermés dans de noirs cachots, où ils ne tardèrent pas à expirer de misère. Ainsi s'éteignit dans les fers et sur le bûcher la célèbre milice du Temple !

Les biens des chevaliers furent dévolus, par ordre de Clément V, aux Hospitaliers de Saint-Jean de Jérusalem, qui durent préalablement payer à Philippe le Bel deux cent mille livres pour les frais du procès ; soixante mille livres à son fils Louis le Hutin, pour sa part de la dépouille, et au pape des sommes non moins importantes. Alors les maisons du Temple et de Saint-Blaise d'Angers passèrent avec leurs dépendances dans l'ordre de Saint-Jean de Jérusalem.

LES

VICOMTES DE THOUARS

Seigneurs de l'Ile-de-Ré

D'APRÈS DES DOCUMENTS INÉDITS OU PEU CONNUS

(1248-1555)

PAR

Le Dr ATGIER

Secrétaire de l'Académie des Sciences et Belles-Lettres
d'Angers

La Seigneurie de l'Ile-de-Ré (Charente-Inférieure) appartint au moyen âge à la vicomté de Thouars, pendant plus de trois siècles.

Cette seigneurie s'étendait depuis la pointe de Sablanceaux jusqu'au manoir de la Passe inclusivement.

L'autre seigneurie, c'est-à-dire celle d'Ars et Loix [1], reconnaissait pour son seigneur, l'abbé du monastère

[1] Ars et Loix étaient alors deux îles distinctes et séparées de l'île de Ré.

de Saint-Michel-en-l'Herm, en Bas-Poitou, et ne faisait plus alors partie de la seigneurie de Ré comme primitivement.

Cette seigneurie de Ré, de 1248 à 1555 appartint aux vicomtes de Thouars qui furent, de 1248 à 1397, les sires de Thouars, de 1397 à 1469, les sires d'Amboise, devenus héritiers de la vicomté de Thouars, et de 1469 à 1555, les sires de la Trémoïlle devenus à leur tour vicomtes de Thouars; sauf toutefois pendant un intervalle d'environ vingt ans, 1470-89, époque durant laquelle la vicomté de Thouars et tous ses fiefs revinrent à la couronne de France sous Louis XI et Charles VIII.

TABLEAU CHRONOLOGIQUE

*Des vicomtes et vicomtesses de Thouars qui furent seigneurs
ou dames de l'Ile-de-Ré.*

1° *Sires de Thouars*

1246 Aimery IX, fils de Gui Ier.

1256 Régnault, frère aîné d'Aimery IX.

1269 Savary IV, frère puîné d'Aimery IX

1274 Guy II, fils d'Aimery IX.

1308 Jehan, fils de Guy II.

1332 Hugues II, frère de Jehan.

1333 Louis, fils de Jehan.

1370 Péronnelle, mariée à Amaury IV, de Craon. Devenue veuve,
elle épousa en secondes noces Clément Rouault, sire de
Boismenard, dit le chevalier Tristan (de Thouars). Veuve
pour la deuxième fois, elle fut la dernière héritière du
nom.

2° *Sires d'Amboise*

1397 Pierre II, fils d'Ingelger, premier du nom.

1426 Louis Ier, neveu de Pierre II.

3° *Sires de la Trémoïlle*

1469 Louis Ier, fils de Georges, ne fut pas vicomte de Thouars
en réalité, n'hérita que du titre de seigneur des îles de Ré
et de Marans, céda ces seigneuries au roi Louis XI, qui
les lui rendit en 1480 avec le Comté de Benon ; la Vicomté
de Thouars appartint pendant vingt ans au roi de France
(Louis XI et Charles VIII).

1483 Louis II, fils de Louis Ier de la Trémoïlle, rentra en possession des domaines de la Vicomté de Thouars en 1489.

1525 François Ier, petit-fils de Louis II.

1542 Louis III, fils aîné de François Ier.

1545 François II, fils puîné de François Ier.

I

SIRES DE THOUARS

THOUARS, petite ville du département des Deux-
Sèvres formé par l'ancienne province de
Poitou, est située sur la rivière du Thouet affluent de
la Loire.

Pendant toute la durée du moyen âge, cette ville
fut le siège de la plus importante vicomté relevant du
comté de Poitou[1].

La position stratégique de Thouars à l'entrée de
l'Aquitaine était défendue par un puissant château
féodal, dont l'importance fit jouer à ses vicomtes un
rôle vraiment historique en France.

Outre le vicomte titulaire, tous les membres de la
famille de Thouars portaient le titre de vicomte ou
vicomtesse de Thouars, ce titre était même porté par

[1] La vicomté était une dignité féodale ou degré de noblesse
supérieure à baronie ou seigneurie et inférieure à comté ; les
trois autres vicomtés du comté de Poitou étaient Châtellerault,
Melle et Aulnay.

les membres de la famille de Mauléon, branche cadette de la famille de Thouars.

Selon la coutume de Thouars l'héritage du vicomte titulaire revenait à son frère puîné et successivement à ses autres frères avant de revenir à son fils aîné qui n'héritait qu'à la mort de son dernier oncle paternel.

La noblesse de la famille de Thouars, figura aux croisades; nous avons vu au musée du château de Versailles ses armoiries peintes sur la frise de la salle des croisades et avons relevé le passage suivant dans le magnifique album de la galerie de Versailles :

« On lit dans une charte datée du temps de Philippe, roi de France, et de Pierre, évêque de Poitiers : *Comes Pictavensis et vicecomes Albertus Toarcensis cum optimatibus suis Hierusalem petierunt.* — Le comte de Poitou et le vicomte de Thouars avec leurs amis partirent à Jérusalem. Herbert II de Thouars (1093) portait déjà sur ses armes à la première croisade : *d'or, semé de fleurs de lys d'azur, au franc quartier de gueules.* »

La vicomté de Thouars s'étendait de l'Anjou à la mer ; elle appartint à la famille de Thouars de 876, date du premier vicomte connu, Geoffroy Ier, jusqu'en 1396, où faute d'héritier mâle, la vicomté passa dans la famille d'Amboise par le mariage d'Isabeau de Thouars avec Pierre II d'Amboise.

Cette famille à son tour la fit passer pour le même motif dans celle de la Trémoïlle qui la transmit à la famille des Bueil, comtes de Sancerre.

Cette vicomté fut érigée par le roi Charles IX en

duché, en faveur de Louis III, sire de la Trémoïlle, en juillet 1563; plus tard, Henry IV, roi de France, érigea ce duché en pairie (août 1595) en faveur de Claude de la Trémoïlle, duc de Thouars, jusqu'à extinction de descendant mâle.

Aimery IX

*Vicomte de Thouars, seigneur de Mauléon, de l'Ile-de-Ré,
de Tallemond, de Châtelaillon et de Benon*

1248-1256

Aimery IX succéda dans la vicomté de Thouars à
son oncle Aimery VIII en 1246 et rendit foi et hommage lige à Alphonse, comte de Poitou, pour ses
châteaux de Thouars, Tiffauges, etc.

En 1248, il acquit le domaine des Mauléon et leurs
seigneuries d'Aunis et de l'Ile-de-Ré, après son
mariage avec Alix de Mauléon, fille du célèbre seigneur, capitaine et troubadour, Savary de Mauléon et
d'Amielle de Ré ou Amable du Bois; cette union res-
serra les liens de parenté qui existaient depuis longtemps déjà entre la maison de Thouars et celle de
Mauléon.

Alix était sœur de Raoul de Mauléon; lorsque
celui-ci voulut accompagner Saint-Louis à la cinquième croisade, il céda ses domaines à son beau-
frère, Aimery IX, pour une somme de quatre mille
livres tournois dont il avait besoin pour parer aux
frais de l'expédition.

L'acte de cession fut autorisé du comte de Poitou Alphonse par lettre en date de juin 1248[1].

A la mort de Raoul de Mauléon, grâce à une transaction de ses héritiers, et moyennant une somme de cent dix livres tournois comptés à ceux-ci par le vicomte de Thouars, les terres des Mauléon revinrent définitivement à Aimery IX. Cette somme équivaudrait aujourd'hui à douze mille francs environ[2].

Le Père Anselme dit que l'Ile-de-Ré fut apportée en dot ainsi que Châtelaillon, Benon, etc., par Alix à Guy Ier de Thouars, c'est là une erreur, car c'est réellement avec Aimery IX qu'elle se maria.

Ce vicomte ratifia et confirma tous les dons faits à l'abbaye de Ré par les seigneurs de Mauléon.

Cette abbaye fut pillée et ruinée plusieurs fois par les pirates Anglo-normands et le fut définitivement en 1623, lors des guerres de religion. Depuis, elle fut incorporée à la maison des prêtres de l'Oratoire, rue Saint-Honoré, à Paris, le 25 septembre 1623[3].

C'est du temps d'Aimery IX que les chartes de la maison de Thouars furent écrites, pour la première fois, en français primitif ou langue vulgaire, car jusqu'au milieu du xiiie siècle elles avaient toujours été rédigées en latin.

Après avoir eu une vie assez calme, ce vicomte mourut le 11 décembre 1256.

---

[1] Dom Fonteneau, t. XXVI, p. 245.
[2] H. Imbert, *Hist. de Thouars*, p. 116.
[3] Arcère, *Hist. de la Rochelle*.

Regnault

Vicomte de Thouars, seigneur de Mauléon, de l'Ile-de-Ré,
de Tallemond, de Châtelaillon et de Benon

1259-1269

Frère aîné et successeur d'Aimery IX. On connaît
peu de la vie de ce vicomte. Il épousa Aliénor de
Soissons ; il mourut en 1268 sans postérité.

A sa mort, Alphonse, comte de Poitou, eut, pendant plus d'un an, la jouissance de la vicomté de
Thouars par droit de rachat ; Robert d'Espinéi en
exerça les fonctions de châtelain de la part du comte
Alphonse, du 2 septembre 1268 au 2 octobre 1269,
moyennant un traitement annuel de cent livres tournois [1].

[1] H. Imbert, *Hist. de Thouars*, p. 122.

Savary IV

*Vicomte de Thouars, seigneur de Mauléon, de l'Ile-de-Ré,
de Tallemond, de Châtelaillon et de Benon*

1269-1274

Frère puîné d'Aimery IX et successeur de Regnault,
il dut racheter pour une somme considérable, dont le
chiffre n'est pas exactement connu, la vicomté de
Thouars au comte de Poitou.

On connaît peu de la vie de ce vicomte qui fut administrateur et non guerrier.

Il confirma, en 1270, tous les dons, acquisitions et
possessions de l'abbaye de la Blanche à Noirmoutiers,
de celle de l'Ile-Dieu et de celle de l'Ile-de-Bouin[1].

[1] H. Imbert, *Hist. de Thouars.*

Guy II

*Vicomte de Thouars, seigneur de Mauléon, de l'Ile-de-Ré,
de Tallemond, de Châtelaillon et de Benon*

1274-1308

Fils d'Aimery IX, il succéda à son oncle Savary IV
en 1274. Il fut connu sous le surnom de *Guyonnet*.

Il obtint les seigneuries de l'Ile-de-Ré et de Tallemond, par transaction de sa tante Aliénor ou Éléonore de Soissons, veuve de Regnault de Thouars,
mort sans enfants.

Il fallut un arrêt du Parlement de Paris pour régler
la contestation qu'il eut à ce sujet ; il fut obligé,
le 2 février 1274, de payer à Aliénor de Soissons, en
monnaie ayant cours à Tallemond, une rente de
soixante livres assise sur la terre de Chantonnay, pour
prix de l'abandon fait par Éléonore de ses droits dans
le Talmondais et l'Ile-de-Ré [1].

Il eut sept enfants de Marguerite de Broin sa
femme. Il mourut le 21 septembre 1308 laissant sa
succession à son fils Jehan.

[1] Boutarie, *Actes du Parlement de Paris*, t. I, p. 179.

Nous possédons de Guy II une longue et importante charte confirmant les dix-neuf privilèges accordés précédemment à l'Ile-de-Ré par Savary et Raoul de Mauléon et instituant de nouveaux privilèges ; cette charte est datée de 1289, elle fut faite et donnée par le vicomte de Thouars, Guy II et Marguerite d'Eu, sa femme, vicomtesse de Thouars, le jeudi après la Nativité de saint Jean-Baptiste [1].

Nous avons traduit du latin le fragment suivant des *Chroniques de l'abbaye Maillezais* [2].

« L'an du Seigneur 1294, le vendredi avant la fête de saint Luc évangéliste, l'Ile-de-Ré fut incendiée ; une grande partie de sa population mourut et de l'orgueil naquit cette guerre qui règne pompeusement aujourd'hui dans ce monde... »

[1] *Chartrier de Ré.* (Reconstitué par le Dr Atgier.)

[2] Paul Marchegay, *Bibliothèque de l'École des Chartes*, série A, t. II, p. 163.

Jehan

*Vicomte de Thouars, seigneur de Mauléon, de l'Ile-de-Ré,
de Tallemond, de Châtelaillon et de Benon*

1308-1332

Fils aîné de Guy II, il succéda à son père comme
vicomte titulaire à la mort de celui-ci.

Il fut fait chevalier à Paris le jour de la Pentecôte,
1313, par le roi Philippe le Bel.

Il se maria à Blanche de Brabant, fille puînée de
Geoffroy de Brabant, et de Jeanne de Vierzon.

Il confirma les biens et privilèges que les vicomtes
de Thouars, ses ancêtres, avaient donnés aux religieux du prieuré de la Chaize-le-Vicomte, par lettres
expédiées de sa chapelle de Tallemond, le jour de la
Transfiguration de N.-S. 1328, en présence et du con-
sentement de Hugues de Thouars, son frère puîné,
de Louis de Thouars son fils et de Garcens, abbé de
Tallemond[1].

Sa femme mourut en 1306, et lui, le 25 mai 1332,

[1] H. Imbert, *Hist. de Thouars.*

laissant sa succession à son frère Hugues. Il eut deux
fils, dont Louis, l'aîné, succéda à son oncle Hugues II.

Nous possédons de Jehan une charte qui commence
par ces mots : « A tous ceux qui ces présentes lettres
verront et orront, Jehan vicomte de Thouars, seigneur de Thalamond et de l'Isle-de-Ré, en Jésus-
Christ Notre-Seigneur, salut...

D'après cette charte Jehan abolit la cense sur les
arènes et terres gastines de l'Ile-de-Ré.

Elle est datée du château d'Olonne, le dimanche
après la Saint-Martin d'hiver, l'an de grâce 1318[1].

[1] *Chartrier de Ré.*

Hugues II

*Vicomte de Thouars, seigneur de Mauléon, de l'Ile-de-Ré,
de Tallemond, de Châtelaillon et de Benon*

1332-1333

Il succéda comme vicomte titulaire à son frère aîné
Jehan.

On ne connaît rien et on ne possède pas d'actes de
ce vicomte.

Il mourut le 11 mai 1333 ; il s'était marié à Jeanne
de Beaugency dont il eut deux enfants.

A sa mort, le comte de Poitou nomma Crolebois
receveur pour gérer la vicomté de Thouars, pour
cause du droit de rachat dû en raison de ce décès[1].

[1] H. Imbert, *Hist. de Thouars.*

Louis de Thouars

Vicomte de Thouars, seigneur de Mauléon, de l'Ile-de-Ré, de Tallemond, de Châtelaillon, de Benon et de Marans[1].

1333-1370

Louis, fils de Jehan, succéda à son oncle Hugues II. Fidèle à son roi, Philippe de Valois, pendant la lutte que celui-ci soutint contre le roi d'Angleterre, Edouard III, il servit dans son armée, en qualité de chevalier banneret, à la tête d'une compagnie de gens d'armes qu'il avait levée dans sa vicomté[2].

Plus tard, lorsque le prince de Galles vint attaquer en Poitou le roi de France, Jean le Bon, Louis de Thouars vola au secours de son roi.

Il prit part à la fameuse bataille de Poitiers ; il fut du nombre des trois cents chevaliers, *les plus preux de l'Ouest*, qui engagèrent la bataille, le 19 septembre 1356. Mais s'étant engagés à cheval dans un étroit

[1] Il devient seigneur de Marans par cession de Godemar de Linières.

[2] P. Anselme.

passage, ils furent décimés par les Anglais; Louis de Thouars réussit cependant à s'échapper[1].

La bataille fut perdue pour la France malgré la bravoure du roi Jean le Bon.

A la suite de cette défaite, fut signé, en 1360, le désastreux traité de Brétigny, qui donna le Poitou et l'Aquitaine à Édouard III, roi d'Angleterre, qui prit de suite possession de ces deux riches provinces.

Serment de féauté pour la vicomté de Thouars fut prêté en l'absence de Louis de Thouars par la vicomtesse et son fils, entre les mains de Chandos, commissaire du roi d'Angleterre.

Tombé malade peu après cette défaite, Louis n'avait pu prêter serment lui-même.

Simon, son fils, fut son curateur le 29 août 1363, à la Rochelle, pour les terres de l'Ile-de-Ré, et le 13 septembre, à Poitiers, pour les autres fiefs de la vicomté[2].

L'année suivante, la maladie de Louis s'aggrava; il tomba tout à fait en démence, en son château de Tallemond, dans lequel il s'était retiré depuis un certain temps, mais ne mourut que le 7 avril 1370, six ans après.

Il s'était marié à Jeanne, comtesse de Dreux, il fut le dernier descendant mâle de la maison de Thouars.

En 1357, quatre mois environ après la bataille de Poitiers, Louis de Thouars ayant constaté que les habitants de sa seigneurie de l'Ile-de-Ré avaient mésusé

---

[1] H. Imbert, *Hist. de Thouars.*
[2] H. Imbert, *ibid.*

et abusé des privilèges qui leur avaient été concédés par ses prédécesseurs relativement au droit de naufrages et aux terres gâtines de l'Ile-de-Ré, en leur présence et celle de son conseil, il fit faire la lecture des chartes des sires de Mauléon et de Thouars. Il releva certains abus à leur sujet, puis il spécifia, ratifia lesdits privilèges, sans tenir rigueur aux insulaires des abus commis, en considération de la bonne défense qu'ils avaient faite récemment de leur île envahie par les Anglais.

Cette charte commence ainsi : « A tous ceux qui ces présentes lettres verront et orront, Louis, vicomte de Thouars, seigneur de Talamont et de l'Isle-de-Ré, en Notre-Seigneur, salut perdurable... »

Elle se termine ainsi :

« Ce fut faict et donné en la présence de notre très-cher et aimé frère, M. Jehan[1] de Thouars, seigneur de la Chaise-le-Vicomte, de Monesto ; de religieux hommes et honnestes, frère Pierre Debourg, abbé de l'abbaye de Saint-Jean d'Orbésier, frère Guillaume Bouthon, lors prieur de Loix[2], frère Jean Baru, moine de l'abbaye de Ré ; M. Jehan Dupoix, sage en droit ; Jehan de la Fourest et Jehan son fils et plusieurs autres, le vingt-cinquième jour de janvier l'an de grâce 1357[3] ».

---

[1] Jehan son frère : ne pas confondre avec Jehan son père et prédécesseur.

[2] Loix-en-Ré n'était pas encore érigé en paroisse, ce n'était encore qu'un prieuré.

[3] *Chartrier de Ré.*

Péronnelle de Thouars

Vicomtesse de Thouars, comtesse de Benon [1], dame de Tallemond, de l'Ile-de-Ré, de Châtelaillon et de Marans.

1370-1397

I

A la mort du vicomte Louis, aucun héritier mâle ne restait à la vicomté de Thouars; il avait perdu ses deux fils : Jehan, l'aîné, était mort en bas âge; le cadet, Simon, était mort en 1365, blessé dans un tournoi, donné en son honneur le jour de ses noces.

Louis ne laissait que des filles; Péronnelle, l'aînée, Isabeau, la cadette et Marguerite, la dernière.

L'aînée hérita de son père. Elle s'était mariée avant le décès de celui-ci avec Amaury, sire de Craon, riche seigneur angevin, fidèle au roi de France, dans l'armée duquel il servit avec ses gens d'armes en

[1] Benon, de seigneurie fut érigé en comté, par le roi Charles V en faveur de Tristan et Péronnelle. Ce comté comprenait les quatre baronnies de Nuaillé, Mauzé, Pauléon et Surgères.

compagnie de Duguesclin [1]. Il avait été fait prisonnier de l'Angleterre et emmené en captivité un peu avant la bataille de Poitiers (1356) dans la citadelle de Bristol d'où il ne fut délivré qu'après le traité de Brétigny.

Devenu vicomte de Thouars par l'héritage de sa femme, Amaury subit l'influence de Péronnelle et de la noblesse Poitevine devenue toute dévouée à l'Angleterre depuis le traité de Bretigny, au point qu'il ne tarda pas à être un des chefs de l'armée Anglo-Aquitannique.

Duguesclin vint mettre, au nom du roi de France, en 1371, le siège devant le château et la ville de Thouars, considérée comme inexpugnable, où Amaury s'était retranché avec ses soldats et de fortes provisions.

Ce siège fut opiniâtre de part et d'autre et dura plusieurs mois; enfin, Amaury ne se voyant pas secouru par l'armée du roi d'Angleterre, comme il l'avait espéré, dut rendre son épée à Duguesclin et lui prêter serment de féauté, se soumettant ainsi au roi de France, dont il ne fut plus dès lors qu'un des grands feudataires. De cette époque (1372) date la première charte royale française, dans laquelle le roi Charles V accorde des privilèges aux Iles de Ré, d'Ars et Loix, pour les engager à rester désormais fidèles à la France. Le seigneur souverain de l'Ile-de-Ré était devenu désormais le vassal du roi de France.

[1] En 1367, il fut lieutenant général de Charles V, en Touraine, Anjou, etc.

A la même date, eut lieu le traité de soumission au roi de France des habitants de l'Ile-de-Ré (30 novembre 1372).

La puissance redoutée de la maison de Thouars était tombée, la domination anglaise en Poitou en supporta de graves conséquences [1].

Amaury ne survécut que six mois à sa soumission au roi de France.

Il mourut le 30 mai 1373 et fut enterré dans l'église des Cordeliers d'Angers où se trouvaient déjà plusieurs membres de sa famille.

Les Craon portaient : *Losangé d'or et de gueules* [2].

II

Après la mort d'Amaury de Craon, Péronnelle resta seule pendant trois ans à la tête de la vicomté de Thouars, comme vicomtesse titulaire.

Son veuvage ne devait pas durer longtemps, car tous les seigneurs Poitevins se disputaient la main de la belle Péronnelle, surnommée « *Seins de lys* », à cause de l'éclatante blancheur de sa peau.

Elle ne promit cependant sa main qu'à celui d'entre eux qui aurait fait le tour de la France.

[1] H. Imbert.
[2] Bertrand de Broussillon, *La Maison de Craon.*

Ce défi fut accepté par un des plus brillants chevaliers Poitevins : Clément Rouault de Boismenard, surnommé TRISTAN.

Tristan avait fait la connaissance de Péronnelle en 1364, alors qu'il était lieutenant d'Amaury de Craon ; à la mort de ce vicomte, ses relations étaient devenues plus intimes avec la vicomtesse qui lui concéda alors la châtellenie de Marans.

Son voyage en France dura plusieurs années et après bien des aventures, écrites à cette époque sous le titre d' « *Épopée de Tristan le voyageur* » il revint à Thouars, plus fervent que jamais dans son affection, et obtint la main de la belle Péronnelle en 1376[1].

III

Tristan, fidèle à son roi (Charles VI), servit dans son armée, en 1382 et 1383, à la tête de seize chevaliers, cent trente et un écuyers et quantité de gens d'armes. En récompense de ses bons services, il reçut du roi un don de trois mille florins d'or sur les fonds du royaume.

Péronnelle et Tristan firent des dons aux églises de Thouars.

Ils modifièrent, dans une charte datée de 1389, trois

---

[1] H. Imbert.

des privilèges accordés jadis à l'Ile-de-Ré par les sires de Mauléon et ratifièrent tous les autres ; ces privilèges modifiés concernaient les meublages, le droit de naufrages et les jugements faits dans l'Ile.

Cette charte commence ainsi :

« A tous ceux qui ces présentes lettres liront et orront. Tristan, vicomte de Thouars, comte de Benon, seigneur de Tallemond, des isles de Ré et de Marans et Péronnelle de Thouars, sa femme, vicomtesse, comtesse et dame desdits lieux, salut en N.-S. pardurable... »

Tristan mourut en 1392 [1].

IV

Péronnelle redevient, pour la seconde fois, veuve, sans enfants.

Elle nomme procureur de ses domaines Jean Papinot, procureur à la Cour de Paris, par lettres données à son château de Tallemond.

Péronnelle mourut en 1397. Avec elle s'éteignit la branche aînée des Thouars qui possédait la vicomté depuis six siècles environ, et la seigneurie de Ré, depuis un siècle et demi.

[1] La famille Rouault, portait : *De sable, à deux léopards d'or, l'un sur l'autre.*

A sa mort, par une singulière application du principe qui réglait l'ordre de succession de la vicomté de Thouars, qui, après avoir passé aux femmes pouvait être transmise, par l'une d'elle, faute de descendant mâle, la vicomté, dis-je, revint à son neveu, Pierre II d'Amboise, fils aîné d'Isabeau de Thouars, sœur cadette de Péronnelle, et mariée en secondes noces à Ingelger Ier, seigneur d'Amboise [1].

[1] H Imbert.

II

SIRES D'AMBOISE

Amboise est le nom d'une ville de Touraine, située sur la Loire où se trouve encore de nos jours un beau château royal que fit bâtir Charles VII pour illustrer le lieu de sa naissance.

C'est dans ce château que fut interné le célèbre chef arabe qui voulut s'opposer à l'influence française en Algérie, Abd-el-Kader.

Amboise est aussi le nom d'une ancienne et illustre famille seigneuriale de la France qui porta le nom de la ville dont elle eut la seigneurie ; les personnages les plus connus de cette famille sont : 1° Louis, premier du nom, dont nous parlons plus loin ; 2° Aimeri ou Emeric d'Amboise, grand maître de l'Ordre de Saint-Jean-de-Jérusalem ; 3° les cardinaux d'Amboise, archevêques de Rouen, dont on admire les statues de marbre de leur mausolée, dans le chœur de la cathédrale de Rouen.

On peut constater, à la galerie du musée de Versailles, salle des croisades, que la bannière de cette illustre famille avait été déployée lors de la septième croisade.

Elle portait : « *Pallé d'or et de gueules de six pièces* ».

Pierre II d'Amboise

*Vicomte de Thouars, comte de Benon, seigneur de
Tallemond, de l'Ile-de-Ré, de Châtelaillon et de Marans*

1397-1426

Le Cartulaire de Saint-Laon de Thouars possède
une charte d'après laquelle Pierre II d'Amboise est
bien intitulé vicomte de Thouars et habitant du château ; cette charte est datée du 11 décembre 1398.
Pierre II est nommé Ingelger II par certains auteurs
(Arcère, etc.), c'est par erreur, car Ingelger II est le
nom de son frère.

Quelques années plus tard, il fit foi et hommage au
comte de Poitou pour sa vicomté et ses fiefs.

Jusqu'à Pierre d'Amboise, l'Ile-de-Ré, entre autres
fiefs, fut tenu en franc aleu par tous ses seigneurs[1],
mais[2] Pierre dut en faire hommage au roi de France
Charles VI, à raison d'une maille de Florence d'or à

[1] Qui en étaient seigneurs souverains et ne relevaient d'aucun supérieur, tant que dura la domination du roi d'Angleterre
et duc de Guyenne.
[2] Duguesclin ayant délivré en grande partie la France, et surtout le Poitou et l'Aquitaine, des Anglais.

mutation de vassal, pour toute redevance, et changea son titre de seigneur en celui de baron.

Le 20 mars 1408, il obtint du roi l'exemption pour les habitants de l'Ile-de-Ré de tous aides, tailles et subsides ordonnés pour le fait de guerre.

Dans sa supplique au roi à ce sujet, le vicomte expose la misère de ces insulaires, dont les habitations ont été brûlées par les Anglais[1].

Pierre mourut sans enfants en 1426[2], il fut inhumé dans l'église des Cordeliers d'Amboise dont il était fondateur ; son patrimoine devint la possession de son successeur et neveu, Louis d'Amboise, fils d'Ingelger II, son frère.

[1] Laurière, *Ordonnances des rois de France*, t. IX, p. 416.
[2] Moréri dit en 1436.

Louis Ier d'Amboise

Vicomte de Thouars, prince de Tallemont[1], comte de Guines et de Benon, baron de l'Ile-de-Ré, Marans, Mauléon et Montrichard.

1426-1469

Le grand seigneur d'Amboise, comme on l'appelait, avait une fortune princière. Il avait épousé Marie de Rieux dont il eut trois filles, Françoise, Péronnelle et Marguerite.

Suivant la coutume d'alors de demander en mariage les jeunes héritières dès leur enfance, Georges de la Trémoïlle, favori de Charles VII, demanda la main de Françoise d'Amboise pour son fils aîné, Louis Ier de la Trémoïlle. Elle lui fut refusée.

A quelque temps de là, Louis d'Amboise invité par le Roi à une partie de chasse près Poitiers, fut arrêté et emprisonné pendant trois ans, au château de Poitiers, tout d'abord (1431), au château d'Amboise, puis au château de Châtillon-sur-Indre.

---

[1] Tallemont avait été érigé de seigneurie en principauté.

Cette arrestation fut faite sous l'instigation de Georges de la Trémoïlle pour crime de lèse-majesté[1].

Durant tout ce temps, ses biens furent confisqués au profit de la couronne et gérés par Georges de la Trémoïlle, favori et capitaine du Roi, jusqu'en 1433.

Marie de Rieux, sa femme, obtint sa grâce et la restitution de ses terres par Charles VII, qu'il lui restitua, à condition qu'il ne marierait aucune de ses enfants sans la permission expresse du roi.

En 1442, Louis d'Amboise voulut marier sa fille aînée à Pierre, fils du duc de Bretagne; sur les conseils de Georges de la Trémoïlle, Charles VII refusa tout d'abord, mais sur les instances de la reine, il accorda, et le mariage eut lieu.

En 1445, Georges de la Trémoïlle qui n'avait pu obtenir pour son fils Louis Ier la main de la fille aînée de Louis, Françoise d'Amboise, obtint enfin celle de la troisième, Marguerite.

Après avoir marié ses trois filles[2], Louis n'eut plus de retenue : il emprisonna sa femme au château de Tallemond, exerça des violences sur l'abbaye de Saint-Michel-en-l'Herm, et reçut dans son château de Thouars, trois concubines, les trois sœurs, qu'il combla de richesses, au point qu'il se ruina pour elles et dut vendre une partie de ses domaines.

[1] Louis avait pris le parti de l'Angleterre contre Charles VII roi de France

[2] L'aînée au duc de Bretagne Pierre II. Celle-ci prit plus tard le voile, et mourut religieuse ; la seconde, Péronnelle à Guillaume d'Harcourt, elle mourut jeune, sans enfant : la troisième, Marguerite, à Louis Ier de la Trémoïlle.

Ses enfants le firent interdire. Louis, accompagné de René d'Appelvoisin, alla se jeter aux pieds du roi Louis XI, qui leva l'interdiction.

A la mort de sa femme, hâtée par ses malheurs, Louis d'Amboise se remaria avec une toute jeune femme, Colette de Montsoreau [1], légère de caractère et connue dans ses intrigues sous le nom de la « Dame de Montsoreau ».

Louis d'Amboise mourut enfin le 28 février 1469, dépossédé depuis un an de ses biens au profit du roi. Il fut inhumé dans un caveau, au milieu du chœur de l'église de Saint-Laon de Thouars.

Après la mort de ce seigneur, Louis Tindo, seigneur de la Brosse, filleul de Louis d'Amboise, sénéchal de la vicomté, fut nommé par le roi conseiller et premier président du Parlement de Bordeaux pour avoir aidé Louis XI à déposséder le vicomte, son bienfaiteur et ses héritiers.

Il existe trois chartes de Louis d'Amboise concédées à l'Ile-de-Ré [2].

La première datée de 1444 confirme les privilèges donnés à l'Ile-de-Ré et ratifie l'exemption des droits de nouvelle chevalerie, etc.

Elle commence ainsi :

« Louis d'Amboise, vicomte de Thalamont et de Thouars, seigneur de Marans et l'Ile-de-Ré, à tous ceux qui ces présentes verront, salut en N.-S. perdurable... »

---

[1] Elle est nommée Nicole de Chambes-Montsoreau, par Moréri, dans le *Grand Dictionnaire Historique*, t. I, p. 255.

[2] *Chartrier de Ré*.

Elle termine ainsi :

« Ce fut faict et donné en notre Isle-de-Ré, présents témoins à ce appelés, nobles hommes messire Pierre Duplantis et Jacques de Pelle Voisin, chevaliers ; Souchin, Girard, écuyers ; Jean Savary, notre maître d'hôtel ; Mᵉ Jean Marquair, notre sénéchal en Talmondois ; Louis Vigier ; Pierre Deguenouillou ; François Duplantes, écuyer et plusieurs autres, le vingtième jour du môis de septembre l'an 1444, Signé : Louis d'Amboise.

« Commission donnée en 1467 à Jean Vidal et Louis Tindo. »

La seconde charte datée de 1467, accorde aux habitants de l'Ile-de-Ré l'exemption des droits de francs fiefs et de nouveaux acquets.

Elle commence ainsi :

« Louis, sire d'Amboise, vicomte de Thouars, comte de Guines et de Benon, prince de Thalamond, amiral de la mer, seigneur de l'Isle-de-Ré, à nos chers et bien-aimés Jehan Vidal, écuyer, connétable de Carcassonne et notre capitaine de Marans et maître Louis Tindo, notre sénéchal de Thouars, salut. »

Elle finit ainsi :

« En témoin de ce, avons signé ces présentes de notre main et fait sceller du scel de nos armes.

« Donné en notre chastel de Thalamond le septième jour d'août, l'an de grâce 1467.

« Signé : Louis d'Amboise. »

En outre de ces deux chartes nous possédons de cette époque un contrat, signé Michaud, fait en présence de Giraud de Vélars, prieur du prieuré de la

Cléraye [1], membre dépendant du moutier et abbaye de Saint-Michel-en-l'Herm ; concernant la rançon de 6,200 écus d'or dus aux Anglais par les habitants de l'Ile-de-Ré, sous Charles VII et daté de 1457.

Il commence ainsi :

« A tous ceux qui ces présentes lettres verront et auront, le garde du scel établi aux contracts en l'Ile-de-Ré pour très noble et très puissant seigneur (Louis d'Amboise), Monseigneur le vicomte de Thouars, comte de Benon, seigneur de Thalamond et de ladite isle (de Ré) Salut... »

La charte datée de 1467 montre que deux ans avant sa mort, Louis d'Amboise était bien en possession de sa Vicomté, dont il ne dut être dépossédé qu'un an environ avant de mourir, puisque l'historien de Thouars [2] dit qu'il décéda sans avoir pu rentrer en possession de ses domaines.

[1] Prieuré jadis situé entre le Bois et Saint-Martin en l'Ile-de-Ré
[2] H. Imbert.

III

SIRES DE LA TRÉMOÏLLE

A Trémoïlle est le nom d'une terre et d'une maison seigneuriale du Poitou. C'est aujourd'hui un modeste chef-lieu de canton de l'arrondissement de Montmorillon, dans le département de la Vienne.

Nous avons visité en 1892 les ruines de l'ancien castel de la Trémoïlle, il n'en reste plus actuellement qu'un pan de muraille surmontant un souterrain contre lequel est adossée une maisonnette ; ce souterrain sert de buanderie et son soupirail de cheminée. C'est là tout ce que l'injure des siècles a conservé d'un château qui appartenait, jadis, à une des plus illustres familles de la noblesse française.

On remarque sur la frise de la salle des croisades, au musée du château de Versailles, les armoiries portées jadis sur la bannière que déploya, à la première croisade, Guy, sire de la Trémoïlle, chevalier du Poitou, en 1096.

Cette même bannière fut également déployée, plus tard, par Imbert de la Trémoïlle, lorsqu'il accompagna en Égypte saint Louis à la cinquième croisade, en 1248.

Les la Trémoïlle portaient : d'*Or au chevron de gueules, accompagné de trois aiglettes d'azur, becquées et membrées de gueules.* »

La sainte chapelle du château de Thouars renferme dans sa crypte les tombeaux de cette famille, dont les statues de marbre furent malheureusement mutilées pendant la Révolution.

Louis IV, duc de la Trémoïlle, héritier actuel du nom, habite son splendide château de Serrant', en Anjou.

Louis Ier de la Trémoïlle

Comte de Benon, seigneur de Sully, des îles de Ré et de Marans.

1469-1483

A la mort de Louis d'Amboise, sa fille, Marguerite, restait sa seule héritière légale (ses deux sœurs aînées étant mortes avant elle) de la vicomté de Thouars et de ses fiefs et l'apportait en héritage à son époux Louis Ier de la Trémoïlle [1] qui se trouva de ce fait vicomte titulaire de Thouars, etc. (en principe, car en réalité, c'était le roi Louis XI).

La Trémoïlle revendiqua aussitôt, auprès du roi Louis XI, son patrimoine confisqué, faisant valoir ses droits de seul héritier légal de Louis d'Amboise ; mais malgré de nombreuses démarches, il ne put, de son vivant, rentrer en possession de la totalité de son héritage et en particulier de la vicomté de Thouars.

Il était resté, quoi qu'il en soit, seigneur des îles de

---

[1] Fils aîné de Georges de la Trémoïlle, favori de Charles VII et de Catherine de l'Ile-Bouchard.

Ré et de Marans[1], mais cette portion elle-même de son héritage ne lui resta pas longtemps ; car un an après la mort de Louis d'Amboise, c'est-à-dire le 3 janvier 1470, il dut céder au roi ses seigneuries de l'Ile-de-Ré et de Marans en échange des terres, châteaux, villes et seigneuries de Vierzon et de Xancoins, et des deux greniers à sel de Vierzon et de Selles en Berry.

Cette cession ou contrat d'échange nous est démontrée par la charte royale du 3 janvier 1470 portant le titre suivant :

« Cession au roi Louis XI, par les seigneurs (Louis Ier) et dame de la Trémoïlle, des seigneuries de Marans et de l'Ile-de-Ré en Aunis, en échange de Vierzon et Xancoins en Berry avec deux greniers à sel[2]. »

Louis Ier de la Trémoïlle n'a donc été seigneur de l'Ile-de-Ré et de Marans que pendant un ou deux ans environ.

Il était né en 1431. Il suivit, très jeune encore, Charles VII, roi de France, au siège de Rouen.

A l'âge de quarante-quatre ans, il accompagna Louis XI en 1475 à la campagne faite contre les Anglais venus en Picardie.

Il passa le reste de sa vie en son château de Bommiers.

[1] Il fit foi et hommage lige de ces deux seigneuries, en 1469, à Charles, duc de Guyenne (Arcère).

[2] *Chartrier de Thouars*, p. 27.

Il s'était marié à Poitiers le **22** août **1446**, avec Marguerite d'Amboise, qui mourut en **1475**.

Il se remaria à quarante-quatre ans avec Annette Maincet, en 1482, et partagea ses domaines à ses enfants.

Il eut sept enfants légitimes ; son fils aîné, Louis deuxième du nom lui succéda [1].

Il mourut en **1483** en son château de Bommiers.

Après la cession faite au roi par Marguerite d'Amboise et par Louis Ier de la Trémoïlle, son époux, de leurs seigneuries de Marans et de l'Ile-de-Ré, Louis XI fit donation de ces seigneuries à un des grands officiers du royaume; c'est pour ce motif que nous avons trouvé, parmi les chartes seigneuriales de l'Ile-de-Ré, une charte commençant ainsi :

Louis de Luxembourg

Comte de Saint-Paul-de-Livry, de Connersan
et de Brienne

Seigneur d'Anglien, de Marans et de l'Ile-de-Ré
Connétable de France
Lieutenant et gouverneur pour le Roy en ses pays
et duché de Normandie

Cette charte est une confirmation des privilèges antérieurement accordés à l'Ile-de-Ré par ses seigneurs, son texte est le même que celui des chartes des la Trémoïlle. Elle est datée de Lyon, le **5** janvier **1472**, vidîmée le **31** dudit mois par de Frémont

---

[1] *Les La Trémoïlle pendant cinq siècles, t. II.*

et ordonnancée par J. Cothereau , procureur de la seigneurie de Ré.

L'Ile-de-Ré cessa ainsi d'appartenir à ses seigneurs héréditaires du 3 janvier 1470 à 1480, c'est-à-dire pendant dix ans.

En 1479 une charte inédite [1] fut formulée à peu près dans les mêmes termes, signée par Louis XI, roi de France, confirmant lesdits privilèges, comme seigneur de l'Ile-de-Ré, et datée de Dijon, en août.

En 1480 une charte [2] de Louis XI, roi de France, unissant les seigneuries de Marans et de Ré au comté de Benon, en faveur de Louis de la Trémoïlle, montre qu'une partie de ces domaines était restituée à son seigneur héréditaire.

[1] *Chartrier de Ré.*
[2] *Ordonnances des rois de France*, t. XVIII, p. 377.

Louis II de la Trémoïlle

Vicomte de Thouars, prince de Talmond, comte de Guynes et de Benon, baron de Craon, Sully, Montaigu, l'Ile-Bouchard et Mauléon, seigneur des îles de Ré et Marans.

1483-1525

Né le 20 septembre 1460, il succéda à son père Louis Ier en 1483. Il revendiqua, aussitôt la mort de son père, auprès de Louis XI dont il était page, la restitution de sa vicomté de Thouars.

Ce patrimoine venait d'appartenir depuis 1468 au roi de France qui l'avait confisqué à Louis Ier d'Amboise.

Louis XI promit de lui restituer disant qu'il ne l'avait pris que pour mieux lui conserver, mais il mourut avant d'avoir mis sa promesse à exécution.

La Trémoïlle renouvela sa revendication auprès de Charles VIII, successeur de Louis XI. Ce ne fut que six ans après, en 1489, qu'il rentra en possession réelle de la vicomté de Thouars et de ses fiefs par un arrêt du Parlement.

Louis II eut de bonne heure une grande passion pour la chasse et une grandeur d'âme au-dessus de son âge, dit son historien Jean Bouchet. Il était grand, beau et bien fait, les yeux verts, le nez aquilin, les cheveux blonds, et frisés. Il était entré dès sa jeunesse à la Cour de Louis XI, comme page, et s'y fit beaucoup estimer.

En 1484, âgé de vingt-quatre ans[1], il se maria avec Gabrielle de Bourbon, fille de Louis de Bourbon, comte de Montpensier et de Catherine de la Tour, qui reçut en dot vingt mille livres tournois. Un an après, naquit un fils, Charles, qui fut prince de Talmond.

Il fut nommé, en 1488, par Charles VIII, général en chef de l'armée royale (il avait vingt-huit ans), qui devait lutter contre la coalition bretonne. Le 27 juillet 1488 il remporta la victoire de Saint-Aubin-du-Cormier sur le prince d'Orange et le duc d'Orléans qui furent fait prisonniers. Après ce succès, il fut nommé chevalier de l'ordre du roi et son premier chambellan.

En 1490, il partit avec Charles VIII à la conquête de Naples. Les Français furent reçus à Rome comme des libérateurs, mais, à leur retour, une armée italienne leur barra le passage à Fornoue dans les Apennins. Le roi de France attaqué par le marquis de Mantoue faillit être fait prisonnier, mais la Trémoïlle dégagea son roi et assura la victoire.

A sa rentrée en France, le roi le nomma amiral de

____
[1] *Les La Trémoille pendant cinq siècles*, 4 vol. gr. in 4°.

Guyenne et de Bretagne et lieutenant-général des provinces de Poitou, Saintonge, Aunis et Angoumois, Anjou et Bretagne.

A la mort de Charles VIII, il servit Louis XII de l'autre côté des Alpes ; de là, il vint défendre la Normandie attaquée par les Anglais, puis la Bourgogne par les Suisses.

En 1515, il remporta avec François Ier la victoire de Marignan, où il eut la douleur de perdre son fils unique Charles de la Trémoïlle, prince de Talmond, âgé de trente ans ; accablée de chagrin par cette mort, Gabrielle de Bourbon tomba malade et mourut un an après son fils.

Elle avait fait construire la Collégiale ou Sainte-Chapelle du château de Thouars sur le modèle de la Sainte Chapelle de Paris avec une crypte destinée à la sépulture de la famille [1] ; elle y fut inhumée en 1516.

La Trémoïlle se remaria en 1517 avec Louise Borgia, duchesse de Valentinois, fille de César Borgia, mais il n'eut pas d'enfant de ce second mariage.

Ce grand capitaine fortifia dans la suite la Picardie attaquée par les Anglais, défendit la Bourgogne envahie par les Allemands ; de là, il se rendit en Italie auprès de François Ier, prit la ville de Milan et, pendant qu'il assiégeait Pavie, fut tué, à soixante-cinq ans, de quatre blessures mortelles (1525). Le roi fut fait prisonnier par Charles-Quint ainsi que le jeune

---

[1] Jean Bouchet, *Histoire de Louis II de la Trémoïlle*.

prince de Talmond, François de la Trémoïlle, fils de Charles, tué à Marignan et petit-fils de Louis II de la Trémoïlle.

Le corps de Louis II fut ramené de Pavie à Thouars et inhumé en 1525 auprès de celui de sa première femme et de son fils, dans la crypte de la collégiale [1].

Ses talents militaires ainsi que son courage lui valurent le nom de premier capitaine du monde et de *chevalier sans reproche*. Il avait pour devise : « *Jamais hors de l'ornière.* »

Nous possédons de Louis II de la Trémoïlle [2] une charte confirmant les privilèges accordés aux habitants de l'Ile-de-Ré, et de nombreux documents, relatifs à sa seigneurie de Ré, que nous avons transcrits sur les originaux, conservés dans l'immense chartrier du château de Serrant, près Angers, et qui nous ont été communiqués très obligeamment par M. le duc Louis IV de la Trémoïlle, fidèle conservateur des traditions et documents de ses ancêtres.

[1] H Imbert. *Hist. de Thouars.*
[2] *Chartrier de Ré.*

François Ier de la Trémoïlle

*Vicomte de Thouars, prince de Talmond et de Tarente,
comte de Taillebourg, Guynes et Benon, baron de Craon
et de Royan, seigneur de Sully, l'Ile-Bouchard, Brandois, Mauléon, Mareuil, Marans, l'Ile-de-Ré, Rochefort, Sainte-Hermine et Doué.*

1525-1542

Petit-fils de Louis II de la Trémoïlle et de Gabrielle
de Bourbon, fils unique de Charles de la Trémoïlle,
prince de Talmond et de Louise de Coëtivy, Fran-
çois Ier de la Trémoïlle, naquit à Thouars, en 1502; il
avait vingt-deux ans à la mort de son grand-père
Louis II (1525).

Son père Charles était mort à la bataille de Marignan en 1515.

Il accompagna Louis II au siège de Pavie, se
trouva à ses côtés lorsqu'il fut tué, voulut venger la
mort de son grand-père sans se rendre, mais il fut
fait prisonnier et dut payer une rançon de neuf mille
écus d'or pour recouvrer sa liberté. Il était alors
prince de Talmond.

François se maria à Vitré le 23 janvier 1521 (à l'âge de dix-neuf ans) avec Anne de Laval, fille de Guy XVI du nom, comte de Laval et de Charlotte d'Arragon, princesse de Tarente ; c'est à cause de cette alliance que les sires de la Trémoïlle prirent le titre de prince de Tarente et fondèrent leurs prétentions sur le royaume de Naples.

Il fut nommé par le roi en 1527 lieutenant général des provinces de Poitou, Aunis et Saintonge ; la même année il fut fait chevalier de l'ordre du Roi.

En 1539, chargé par le roi de recevoir l'empereur Charles-Quint à son passage à Poitiers, il fit venir de son château de Thouars des tapisseries d'un grand prix à personnages dont il tapissa neuf salles de l'évêché où Charles-Quint devait descendre.

François mourut jeune (1542), à trente-neuf ans, laissant plusieurs enfants dont l'aîné Louis III lui succéda.

Nous possédons [1] une charte octroyée par François Ier de la Trémoïlle, confirmant les privilèges seigneuriaux de l'Ile-de-Ré.

Il est à remarquer que les la Trémoïlle qui avaient le titre de baron de Craon, ont conservé celui de seigneur pour l'île de Ré, ce qui prouve qu'ils avaient gardé pour leurs îles une véritable souveraineté.

Les enfants de François de la Trémoïlle furent :

1° Louis III, qui lui succéda.

2° François II, qui devint (1546) comte de Benon.

3° Charles, qui fut abbé de Saint-Laon, de Thouars.

[1] *Chartrier de Ré.*

4° Georges, qui fut baron de Royan.

5° Claude, qui fut baron de Noirmoutiers.

6° Guy, mort jeune.

7° Anne, morte jeune.

8° Louise, qui épousa Philippe de Léry.

9° Jacqueline, qui apporta en dot au comte de Sancerre, Louis de Bueil, la seigneurie de Ré, etc.

10° Charlotte, qui prit le voile.

Ils se partagèrent les vastes domaines de leur père, dont Louis III eut la plus large part[1].

[1] *Chartrier de Thouars.*

Louis III de la Trémoïlle

Premier duc de Thouars, prince de Tarente et de Tal-
mond, comte de Taillebourg, Guynes et Benon, baron
de Sully et de Craon, seigneur des îles de Ré, de Marans,
et de Noirmoutiers.

1542-1545

« *Où vertu guide, honneur suit* » telle fut sa devise.
Louis III de la Trémoïlle naquit en 1522. Il succéda
à son père[1] en 1542 comme gouverneur et lieutenant
général des provinces du Poitou, Aunis et Saintonge
et comme vicomte de Thouars; il céda en 1545 la seigneurie de l'Ile-de-Ré, etc., à son frère puîné François II.

Il se maria en 1549 avec Jeanne de Montmorency,
dame d'honneur de la reine Elisabeth d'Autriche, fille
puînée d'Anne, duc de Montmorency, pair, grand
maître et connétable de France et de Madeleine de
Savoye.

Lors du sacre de Henry II, en 1547, il fut un des
quatre barons donnés pour otage à la Sainte-Ampoule.

[1] François Ier de la Trémoïlle.

A la paix de Boulogne, en 1550, signée entre Henry II et Edouard VI, il fut une deuxième fois otage et envoyé en Angleterre.

Il fit la campagne de Picardie contre les Anglais [1].

En 1576, il fut nommé lieutenant général d'une armée levée en Poitou pour combattre le comte du Lude, chef du parti protestant.

Il mourut au siège de Melle le jour de sa reddition en 1577 [2].

Nous possédons de Louis III de la Trémoïlle une charte datée de 1544 « *Confirmant les privilèges accordés à l'Ile-de-Ré* » par les seigneurs ses prédécesseurs.

Une autre charte du même seigneur nous est également restée, datée de la même année, c'est une « *Transaction entre le seigneur et les habitants de l'Ile-de-Ré* » au sujet des anciens privilèges de l'Ile [3].

---

[1] Grâce à ses services, Charles IX érigea sa vicomté de Thouars en duché, par lettres données à Gaillon, en juillet 1563, et décréta que faute d'héritier mâle, ce duché serait transmissible par les femmes.

[2] Son fils Claude lui succéda dans la lignée et embrassa le protestantisme dont il devint un des chefs.

[3] *Chartrier de Ré.*

François II de la Trémoïlle

*Chevalier, comte de Benon, baron de Brandois,
seigneur de l'Ile-de-Ré*

1545-1555

François II de la Trémoïlle fut le deuxième fils de François, premier du nom et frère puîné de Louis III. Il ne fut pas vicomte de Thouars.

A la mort de François Ier de la Trémoïlle, son fils aîné, Louis III, avait recueilli l'héritage de son père et partagea dans la suite, comme on l'a vu, les fiefs de la vicomté de Thouars (1545).

De là commencèrent plusieurs branches de la famille de la Trémoïlle : 1° la branche aînée, qui succéda à la vicomté de Thouars, dans la personne de Claude; 2° la branche cadette, qui fut celle des comtes de Benon; 3° la branche de Royan; et 4° celle de Noirmoutiers, etc.

La branche de Benon eut pour fondateur François II de la Trémoïlle qui fait l'objet de ce chapitre.

Deux ans après la signature des chartes que Louis III donna à l'Ile-de-Ré, une nouvelle charte datée de 1546 fut donnée à cette île par François II de la Trémoïlle. Cette charte porte « *Confirmation des privilèges accordés aux habitants de l'Ile-de-Ré, 19 avril 1546.* »

Elle commence ainsi :

« Françoys de la Trimouïlle, chevalier, conte de Benon, baron de Brandois, seigneur de l'Isle de Ré, sçavoir faisons à tous présantz et advenir.....»

Elle finit ainsi :

« Donné en nostredicte Isle de Ré le dixneufiesme jour d'apvril mil cinq cens quarante six , avant Pasques.

« Signé : F. de la Trimouïlle,
« Par commandement E. de la Ville. »

François II de la Trémoïlle épousa en 1548 Françoise du Bouchet dont il n'eut pas d'enfants. Son testament fait à Thouars porte la date du 8 septembre 1555, époque probable de sa mort[1].

[1] Après lui, la seigneurie de l'Ile de Ré passa des vicomtes de Thouars aux comtes de Sancerre par le mariage de Jacqueline de la Trémoïlle (fille de François Ier de la Trémoïlle) avec Louis de Bueil, comte de Sancerre, a qui elle apporta en dot les seigneuries de Marans et de l'Ile-de-Ré.

LE

CHATEAU NEUF

DE NAPLES

Par Mgr X. BARBIER DE MONTAULT

Les liens qui unissent le royaume de Naples à l'Anjou ont été de longue durée : c'est désormais de l'histoire. Chaque fois qu'il en est question dans la péninsule, l'écho doit en retentir dans notre province. Non seulement nous ne devons pas ignorer ce qui se dit à l'étranger, sur un sujet qui nous intéresse particulièrement, mais encore il est utile pour nos études de donner une plus grande publicité aux documents inédits qui sont mis au jour par nos voisins.

Parmi les archéologues napolitains se distingue Don Ferdinand Colonna, prince de Stigliano, inspecteur pour le roi des fouilles et monuments et membre de la commission des antiquités et beaux-arts pour la province de Bénévent. Ses publications révèlent un travailleur sérieux et fécond, qui sait utiliser ses loisirs au profit de la science historique et archéologique, telle que nous la cultivons.

Un de ses derniers ouvrages a pour titre : *Notizie storiche di Castelnuovo in Napoli,* Naples, Giannini, 1892, in-4°, de 156 pages. Je vais en rendre compte d'une façon un peu détaillée, m'attachant surtout à mettre en évidence les souvenirs français.

Les *Notizie* suivent l'ordre chronologique et vont de 1229 à 1886. Elles embrassent donc toute l'histoire du monument, depuis son origine jusqu'à sa restauration par la municipalité, qui se propose d'en faire un musée spécial, dans le genre du musée Carnavalet, à Paris. On pourrait justement lui appliquer cette inscription de l'empereur Charles-Quint, exhumée des décombres :

A COMUNE VANTAGGIO

E DELLA PATRIA DECORO

Le château neuf fut bâti sur le bord de la mer et il reçut ce nom pour le distinguer du château vieux, appelé *Château de l'OEuf.* Il est l'œuvre de Charles Ier d'Anjou, qui en ordonna le plan sur celui de la Bastille (page 25).

Son aspect est celui d'un donjon, flanqué de tours aux angles. Son nom italien est *maschio* [1] *:* on disait en latin *masculum* [2] et *bellum* [3], car c'était une forte-

---

[1] L'italien a aussi *mastria,* qui exprime l'idée de maîtrise et suprématie.

[2] *Masculum.* Ce mot n'est pas dans le Glossaire de du Cange ; je le trouve cependant dans une inscription romane du porche de l'abbaye bénédictine du Sacro Speco, à Subiaco.

[3] *Bellum* manque aussi au Glossaire. Sa traduction littérale en français serait *bayle,* employé en castramétation.

resse pour la défense et on retrouvait en elle la *mâle* vigueur du soldat. Des douves profondes l'isolaient.

Les murs sont revêtus de *piperno* [1], pierre ainsi dénommée à cause de sa composition géologique qui la fait ressembler à des grains de poivre [2]; tout le blocage est en « pietra dolce » (p. 85).

L'architecte fut Giovanni Pisani, qui disposa l'intérieur en manière de palais pour l'habitation du souverain. Un acte royal de 1279 le déclare expressément : « Stephano Pappasugine, expensori operis Castri Novi de Neapoli, mandatum quod adjungat manipulos decem in dicto opere pro fundendo fundamento palatii nostri quod in dicto castro fieri volumus » (p. 31). Plus tard on y ajouta toutes sortes de dépendances, y compris un arsenal, où se fondaient des canons.

Les travaux d'édification se prolongèrent plusieurs années. En 1278, ils n'étaient pas encore commencés. Le 2 novembre 1279, on y emploie cinq maîtres maçons, « maczones » et trente manœuvres, « manipoli ». En 1280, le roi fait prendre des pierres à Nocera : « Nucerios lapides cædendos curet Neapolim mittendos ad opus Castri nuovi. » Le pont et la porte se font en 1283 et la chapelle en 1311, « in opere ipsius capelle » (p. 37).

Il y eut deux chapelles, une *secrète* et une *grande*. Toutes les deux furent peintes par Giotto, comme il

---

[1] A Rome on dit *peperino*.
[2] En italien *pepe*.

résulte d'un compte du 13 septembre 1329 : « In opere picture magne cappelle complemento, picture cappelle secrete et unius conc [1] depicte in domo protomagistri [2] Zotti » (p. 45). La grande chapelle ou chapelle royale était desservie par douze franciscains, qui y disaient l'office, le jour et la nuit. Le roi Robert d'Anjou se plaisait à s'adjoindre à eux pour la psalmodie (p. 46). Un orgue y fut installé en 1470 par le facteur Giovanni Gaetano (p. 89).

Les tours de l'enceinte fortifiée eurent des noms de saints, comme Saint-Michel, Saint-Georges, Saint-Charles, Saint-François, Saint-Louis, Saint-Esprit, l'*Incoronata* [3], Saint-Janvier. Trois furent dénommées en raison de leur destination : la *tour du Gouverneur* était affectée au logement de ce haut dignitaire, le trésor était gardé dans la *tour de l'or*, et la *tour des latrines* servait à toute la garnison [4] (p. 7, 8, 11, 19, 132).

Les pièces d'artillerie, conformément aux usages du temps, prennent des noms d'animaux dangereux, effrayants [5]. Deux bombardes [6] sont qualifiées en 1451

---

[1] *Cona* est une contraction de *ancona* pour *icona*, forme usuelle au moyen âge.

[2] Le titre de *protomagister* indique que Giotto avait sous lui des aides.

[3] *Incoronata*, sous-entendu *Vergine*, se dit du couronnement de la Vierge.

[4] Les latrines sont ainsi dans une tour au palais archiépiscopal de Bénévent et au château féodal de Bourbon-l'Archambault.

[5] X. B. de M., *Œuvr. compl.*, t. II, p. 83.

[6] « *Bombarde*, canon, gros et court, qui fait beaucoup de bruit » (Dictionnaire de Richelet). D'où sont venus les mots *bombardier, bombarder, bombardement*.

serpentine et, en 1477, *la vispera* (p. 15, 82). Un canon, fondu en 1565, portait la signature du fondeur : OPUS NICOLAI DE BOLO. Les boulets se faisaient en pierre. Le 13 octobre 1451, le roi Alphonse commandait à Pouzzoles douze mille boulets en *piperno*.

L'an 1487, le roi Frédéric d'Aragon faisait inscrire sa devise à la façade du donjon : RECEDANT VETERA (p. 9). Le travail du renouvellement s'était opéré dès 1443, à l'instigation d'Alphonse Ier, qui, non content d'agrandir le château d'une seconde enceinte, y installait une « magnifique salle de triomphe, » transformée aujourd'hui en salle d'armes et ornait l'entrée d'un arc de triomphe, érigé par l'architecte milanais Pietro Martino. En 1458, le paiement des sculpteurs nous fait connaître les artistes qui ont embelli ce monument : Isaïe et Antoine, de Pise ; Pierre, de Milan ; Dominique, de Lombardie ; François Adzara, Pietro di Giovanni et Paolo Romano [1] (p. 19, 87).

La porte de fer, historiée de scènes relatives à la conjuration des barons, est signée, autour d'un portrait en médaillon : *Guillelmus Monacus fecit* [2].

Comme curiosités archéologiques, il importe de signaler la fonte de la grosse cloche, en 1456, par Guglielmo del Monaco (p. 85), « maestro bombardiere », qui, deux ans après, recevait du roi Alphonse

---

[1] Ce sculpteur a signé deux tombeaux, à Rome, dans les églises de Sainte-Marie au Transtévère et de Sainte-Marie sur l'Aventin.

[2] Comme fit, à la même époque, Antonio de Firenze sur la porte de bronze de la basilique Vaticane, à Rome.

« onze cent dix-sept ducats, prix convenu pour la construction du grand horloge qui sonnait les heures » (p. 87).

Je passe à l'histoire. En 1294, le 13 décembre, le pape Célestin V, hébergé au Castelnuovo, abdiquait officiellement dans la « sala magna », où, le 24 du même mois, le cardinal Gaétani était proclamé son successeur sous le nom de Boniface VIII. Concoururent à cette élection les cardinaux français Hugues de Billom, évêque d'Ostie ; Béraud du Got, Simon de Beaulieu, Jean Le Moine, Guillaume Ferrier, Nicolas de Nonancourt, Robert abbé de Citeaux et Simon de Cluny [1]

Au mois de mars 1341, Pétrarque était reçu à Castelnuovo par le roi Robert ; il y revint en novembre 1343 (p. 47 et 48).

Le grand schisme d'Occident prit naissance à Castelnuovo, en 1378, à la faveur de la reine Jeanne qui, ennemie d'Urbain VI, lui suscita comme concurrent l'anti-pape Clément VII (p. 58).

Je traduis littéralement tout ce qui concerne René d'Anjou (p. 73-75) : « 15 août 1439. Un combat eut lieu, sous les murs de Castelnuovo, entre les gens du roi René d'Anjou, venus pour conquérir le royaume (il avait débarqué près la porte du Carmel, le 9 août 1438, avec ses troupes que portaient deux galères) et celles du roi Alphonse d'Aragon, qui

---

[1] J'ai rétabli la vraie orthographe des noms, un peu défigurée, d'après l'opuscule de M. Fisquet, *La cour de Rome, cardinaux français*, Paris, 1869.

furent vaincues et rendirent le fort aux vainqueurs.....

« René d'Anjou s'empara d'abord de la tour Saint-
Vincent devant le château, grâce à l'armée génoise,
qui avait sur ses navires des cages plus hautes que
la tour ; cependant les Aragonais se défendirent pendant sept heures continues et méritèrent l'admiration
de leurs ennemis... .

« 21 août. Le roi Alphonse fit don de trois ducats à
chacun des hommes d'armes qui, en combattant,
restèrent prisonniers, lorsque la tour Saint-Vincent
fut prise par l'ennemi.....

« 15 octobre. Le roi Alphonse fit acheter sept
quintaux et demi de salpêtre et de soufre pour fabri-
quer de la poudre, à l'usage des grosses bombardes
qui tiraient sur le Castelnuovo et du *trabucco*, qui de
Saint-Nicolas tirait aussi sur le château.

« 1440. Dans la dispute de la couronne de Naples
entre Angevins et Aragonais, le roi René d'Anjou
vint furtivement à Naples et réussit à chasser par la
famine les Catalans de Castelnuovo.

« 1441, 31 décembre. En présence du roi René on
fit à Castelnuovo des jeux et même on donna un
spectacle allégorique, où Alexandre le Grand disputait
devant Minos avec Scipion l'Africain et Annibal.
Dans le prologue on disait que la guerre actuelle
ressemblait de tout point à celle que firent les Romains
et les Carthaginois et que Alphonse d'Aragon, nouvel Annibal, confiant, fourbe, mauvais, séducteur de
la Campanie, orgueilleux pour sa succession, serait
enfin vaincu par René, souverain légitime des Napo-

litains, ami du vrai, prudent, courageux dans l'ad-
versité comme le romain Scipion.

« 1442, juin. Alphonse d'Aragon rentre à Naples
et s'installe à Castelnuovo.

« 3 juin. Le roi Alphonse d'Aragon ayant pénétré
à Naples avec ses troupes, la nuit, par le puits de
Sainte-Sophie, aidé par Diomède Carafa, duc de
Maddaloni, le roi René d'Anjou s'enfuit de Castelnuovo, avec la reine Isabelle sa femme et ses enfants.
S'étant embarqué sur des vaisseaux génois, il se
dirigea vers la France. Ainsi finit la domination
angevine dans le royaume de Naples, après une
durée de 176 ans. »

J'arrive maintenant à la funeste tentative de
Charles VIII (p. 99 et suiv.) :

« 1495, 21 février. Charles VIII, roi de France,
entra à Naples. Il fit mettre le feu par « lo chiano de
San-Nicola » à l'Incoronata, à Saint-Esprit et à
Sainte-Lucie, où brûlèrent beaucoup de belles maisons.....

« 22 février. Charles VIII commença le bombardement de Castelnuovo, dont il s'empara grâce à la
connivence vénale des Allemands et des Suisses qui
le gardaient et qui eurent pour récompense les cho-
ses précieuses qu'y avait laissées Alphonse d'Aragon ;
ainsi tous s'enrichirent.

« L'artillerie de Castelnuovo, qui tenait encore
pour le roi Alphonse II d'Aragon, fit beaucoup de
dommage à Castel Capuano, où s'était enfermé
Charles VIII, roi de France, venu pour occuper
Naples.

« 24 février. Castelnuovo, la tour de Saint-Vincent et Pizzofalcone bombardaient tellement la ville qu'ils lui causèrent de grands dommages. Les mortiers de Castelnuovo renversèrent nombre de maisons et les coups de l'artillerie étaient si bien dirigés qu'ils obligèrent les Français à rentrer dans leurs retranchements. La discorde s'étant mise entre les Espagnols et les Suisses qui gardaient le château, il en mourut plus de cent et le château cessa dès lors de tirer sur la ville. Toutefois, après avoir été battu pendant dix jours par l'artillerie française, il se rendit à merci. Les vainqueurs y trouvèrent plus de 200,000 ducats d'étoffes d'or et de soie dont ils se firent des vêtements. Forcemagne, dans un mémoire inséré dans les *Actes de l'Académie des Inscriptions*, tome XVII, parlant du poëme *Verger d'honneur*, rappelle l'inventaire du matériel de guerre qui existait à Castelnuovo et la force de son armement :

> « Là on avoit, ainsi qu'on peut entendre,
> La plus terrible et grosse artillerie
> Qu'on v t jamais et la mieux accomplie,
> Grosses bombardes de métal et de fonte
> Dont les Français tirent merveilleux compte,
> Poudre, charbon, fin sofre et salpestre. »

« Il ajoute que les défenseurs chargèrent un mortier et y mirent le feu : le projectile tomba sur la coupole de l'église des Frères mineurs et la ruina.

« La puissance des calibres de cette artillerie est indiquée par Giuliano Passaro, qui relate qu'en 1478 on expédia de Naples pour la guerre contre Gênes 6,000 projectiles, 500 barils de poudre et plusieurs bombardes, dont la plus grosse appelée *la Napolitaine* et deux mortiers pour tirer en l'air.

« 6 mars. Le roi Charles VIII prend Castelnuovo.

« 31 mai. Les vaisseaux du roi de France étant arrivés à Naples, l'artillerie tira sur l'armée et sur la ville ; jamais on n'avait tant tiré à la fois..... Le château tira plus de 4,000 coups, mais il ne tua que huit personnes : les boulets avaient neuf palmes de tour et pesaient plus de cinquante *rotola*.

« Juillet. Le roi Charles VIII confie le gouvernement de Castelnuovo à Montpensier. Le roi Ferrante Ferdinand II d'Aragon, venant de Messine où il s'était réfugié, rentre à Naples et reprend aux Français Castelnuovo. Le marquis de Pescara mit le siège devant le château, qui bombardait la ville.....

« 7 juillet. Le roi Ferdinand II d'Aragon, étant débarqué et ayant été accueilli à Naples avec des démonstrations enthousiastes, les Napolitains qui tenaient pour le parti angevin se réfugièrent à Castelnuovo et parmi eux le prince de Salerne. Dans sa fuite, le peuple tua d'une façon barbare, les taillant en pièces, plus de cent cinquante hommes. La garnison du château, tant pour défendre la retraite des Français et des Napolitains leurs partisans que pour protéger les autres troupes qui pillaient la douane, causa de grands dommages avec ses bombardes aux troupes de Ferrante II. Le chapitre suivant de Giuliano Passaro est important :

« Les Français abandonnèrent leurs chevaux, les « laissant aller sur la place de l'Incoronata, où il y « avait beaucoup de monde pour les prendre et ceux « du château tiraient avec l'artillerie ; ils en estro- « pièrent et tuèrent beaucoup, avant que les chevaux « eussent été emmenés ; ensuite les Français mirent « en jeu de grosses *palumbarde* et commencèrent à « tirer par terre, ce qui occasionna une grande peur « aux Napolitains. Pensez qu'ils lançaient des pierres « qui pesaient quatre quintaux l'une et ils le faisaient « avec une certaine artillerie qu'ils nommaient *mor-* « *tiers*. Mais Dieu, la Vierge Marie et les saints Patrons « de Naples, permirent que cette artillerie ne fit de « mal à personne. »

« 10 juillet. Pendant ce temps, le Castelnuovo con- tinuait à bombarder la terre.

« 14 août. Le marquis de Pescara, un matin, deux heures avant le jour, sans trop de fatigue, assaillit le parc du Château neuf, où il y avait beaucoup de Fran- çais. Les Français se mirent en avant des forts, à Sainte-Croix et abandonnèrent le parc. Le marquis campa de suite devant Sainte-Croix, qu'il trouva très bien fortifiée avec des fossés et des retranchements. Il retourna donc en arrière, mais il fut victorieux sur le parc, le pays d'Echia et la plaine de Pizzafalcone, sans mort d'hommes.....

« 2 septembre. Ferrante fit diriger deux brûlots [1]

---

[1] « *Brûlot*, machine dont se servoient les anciens pour lan-

contre l'armée française, qui se tenait sous les batteries de Castelnuovo, mais ils éclatèrent avant d'atteindre le but.

« 8 septembre. Les troupes françaises attaquent le camp des troupes du roi Ferrante et, quoique soutenues par l'artillerie de Castelnuovo et de la tour Saint-Vincent, elles furent repoussées avec des pertes graves.....

« Le 22 septembre 1495, les Français sortirent de Castelnuovo ; ils eurent une escarmouche avec les Napolitains sur la place de Saint-Nicolas, où il y avait de très grands retranchements. L'armée française vint avec des barques et armée: elle prit le môle que gardait le capitaine Corsetto et tua huit hommes préposés à sa défense. Le même jour, vers deux heures, les habitants de Naples prirent les armes en grande furie et reprirent le môle sur les Français dont ils tuèrent soixante-dix hommes; il y eut une trentaine de Napolitains blessés ou tués.....

« Le 30 septembre 1495, les Français firent une trêve avec le roi Ferrante II, pour soixante jours : ils disaient qu'ils voulaient envoyer en France chercher des secours et que, s'ils ne venaient pas, ils rendraient le Château neuf..... Le roi leur donna à manger pendant ces soixante jours.

« Le 4 novembre 1495, l'armée française s'en alla, avec tous les seigneurs français et italiens qui étaient à Castelnuovo et ils se rendirent à Salerne, parce

cer des dards et à laquelle était attachée une matière combustible » (Richelet).

que le prince de Salerne, de la maison Sanseverino,
était avec eux. Le roi ne put faire ses provisions,
parce que son armée n'avait pas été au couchant à la
rencontre d'une autre armée que commandait, par
ordre du roi, Charles de Provence. Aussi les Français
eurent-ils le temps de s'enfuir de Castelnuovo et
d'aller à Salerne, où ils restèrent huit jours ; puis,
chargés de bagages et de provisions, ils s'en allèrent
à Gaète, qui depuis sa destruction était restée toujours
occupée par les Français : ils y passèrent plusieurs
jours.

« 13 novembre. Les Aragonais, appuyés de bombardes, appliquèrent les échelles avec ardeur pour
prendre la citadelle, mais les fossés étaient si pro-
fonds et le feu des Français si nourri qu'ils furent
repoussés.

« Le 15 novembre 1495, le roi Ferrante II engagea
le combat avec la citadelle de Castelnuovo : les
échelles furent dressées et les hommes y montèrent
avec un grand courage, mais ils y trouvèrent tant de
retranchements et de fossés qu'ils ne purent passer
outre. Les Français étaient sur les murs, munis de
pièces d'artifices et ils se défendaient avec certaines
marmites de poudre, auxquelles ils mettaient le feu
et qu'ils lançaient à la face des gens du roi, qui en
conséquence durent se retirer ; mais je puis vous
dire que plus de trente Français moururent de la
main des Napolitains.....

« Le 27 novembre 1495, le roi Ferrante II prit
par la force la citadelle de Castelnuovo. Don Frédéric

avait fait creuser sous la citadelle..... Dans le trou il avait fait placer un grand baril de poudre, auquel on mit le feu. En un moment, le mur de la citadelle croula, aussitôt les gens du roi s'élancèrent sur les Français et s'emparèrent de la citadelle, sans mort d'homme. Il mourut une quantité de Français, parcequ'ils étaient de garde sur les murs et qu'ils ne s'en allèrent pas quand on mit le feu.....

« 27 novembre. Les Aragonais mirent le feu à l'enceinte de la citadelle, en usant de mines. Entrant par la brèche, ils prirent la citadelle, le paradis, la casemate du fossé et la place du château, poussant plus avant de façon à enlever tous les ouvrages extérieurs.

« 29 novembre. La tour Saint-Vincent se rendit bonnement à Don Frédéric.

« 30 novembre. Les Aragonais abattirent, avec leur artillerie, une partie de la tour de Saint-Vincent, qui fut obligée de se rendre. Ils y trouvèrent neuf pièces d'artillerie et des boulets de fer en grande quantité.

« 8 décembre. Mardi, jour de la Conception de Notre-Dame, le Castelnuovo se rendit au seigneur roi Ferrante II et tous les Français s'embarquèrent sur six galères avec tous leurs effets.

« 1501. Castelnuovo, par suite d'une capitulation régulière des Suisses, est cédé à d'Obigny, chef des roupes françaises.

« 1503. Le grand capitaine Gonzalve de Cordoue entra dans Naples et se mit à attaquer les châteaux.... .

Il battit d'abord la tour Saint-Vincent et peu après
s'en empara ; puis, ayant placé ses batteries au pied
du mont Saint-Martin, il attaqua vivement la citadelle
de Castelnuovo.... .

« 12 juin. Les Espagnols ayant mis le feu aux pou-
dres (des mines) ruinèrent avec un épouvantable fra-
cas le boulevard de Castelnuovo qui regardait les
jardins ; étant montés à l'assaut de la citadelle, ils
entrèrent par la brèche et s'emparèrent d'abord de
toutes les fortifications extérieures, puis du château ;
mais ils furent fortement atteints par le feu et l'huile
bouillante lorsqu'ils tentèrent de vaincre la résistance
que leur opposaient les défenseurs des chambres.
Tous les historiens conviennent que les Français y
tenaient en réserve quantité d'or, d'argent, de vivres
et de munitions et que la rapacité féroce des vainqueurs fut telle qu'ils s'enrichirent aussi des biens
des marchands et banquiers qui avaient cru qu'ils
seraient en sûreté dans la forteresse.

« Le 12 juin 1503, lundi, veille de saint Antoine
de Padoue, Castelnuovo fut pris. Pietro Navarro,
homme fort expert dans l'art de la guerre du feu,
ordonna une mine sous la citadelle du château et y
mit le feu ; un mur de la citadelle tomba et aussitôt
les Espagnols montèrent et y trouvèrent quelques
Français et un gentilhomme de Capoue qu'ils tuèrent.
Les Français, voyant le grand capitaine en personne
monté sur la citadelle, demandèrent à capituler et se
rendirent.

« Le château étant pris, le grand capitaine quitta

Naples et alla avec une grande armée assiéger les Français à Gaète par mer et et par terre. Il mit son camp devant Gaète, où étaient les Français.

« 11 juillet. Pietro Navarro, après la prise de Castelnuovo, par ordre du grand capitaine, alla assiéger le château de l'Œuf..... Il y fit une grande mine qu'il remplit de poudre et y mit le feu. Le mardi, à dix-neuf heures [1], une partie dudit château croula, de sorte que les Français se défendirent peu et se rendirent. Les Espagnols eurent ainsi lesdits châteaux. »

Revenons un peu en arrière pour signaler, en 1481, la présence à Castelnuovo de saint François de Paule, appelé en France par Louis XI (p. 91). En 1688, un oratoire fut construit dans le château en souvenir de son séjour, comme l'atteste une inscription latine (p. 123).

Un dernier mot pour les Français, qui, « le 24 janvier 1799, entrèrent à Naples et s'emparèrent de Castelnuovo » (p. 134). Le 16 juin, « Micheroux se rendit, sous le feu commandé par le cardinal Ruffo et le feu commença contre Castelnuovo, qui se rendit à Ferdinand IV par capitulation régulière, après deux jours de combat. Le 25, fut approuvée la capitulation de Castelnuovo. Les patriotes qui défendaient Castelnuovo furent conduits sur les bâtiments de guerre

---

[1] Le jour italien compte 24 heures, de une à vingt-quatre, sans répéter, comme nous faisons après le chiffre 12. Venise et Padoue ont des cadrans de 24 heures ; on en voit aussi au Vatican, sur les tapisseries de Raphaël.

anglais, commandés par l'amiral lord Nelson, où ils furent retenus prisonniers » (p. 136).

Je m'arrête : j'en ai dit assez pour montrer quel intérêt spécial, au point de vue français et angevin, présente la docte publication du prince de Stigliano, que j'aurais voulue enrichie de quelques notes archéologiques ou complétant des citations parfois trop sommaires.

NOTES ET CONSIDÉRATIONS

SUR LA

PHOTOGRAPHIE DES CORPS OPAQUES

PAR

M. Léon LAFORGE

Membre associé

INTRODUCTION HISTORIQUE

Les rayons X de Rœntgen [1] continuent de passionner au plus haut point l'attention du monde savant et même du public, c'est pourquoi, nous allons tout d'abord faire l'historique de la découverte.

On sait que les tubes de Geissler, tubes de verre remplis d'un gaz où d'une vapeur raréfiés, s'illuminent quand on les met en communication avec les piles

---

[1] Rœntgen ou Rontgen, médecin à Wurtzbourg (Bavière) W-C. Rontgen, né à Leunep, en 1844 (province de Dusseldorf-Prusse) a fait ses études à Zurich où il fut reçu en 1869, docteur ès sciences. L'empereur Guillaume, son souverain, vient de lui conférer l'ordre de deuxième classe de la Couronne.

d'une bobine Rhumkorff, par deux fils de platine sou-
dés dans le verre du tube, faisant légèrement saillie à
l'intérieur et à l'extérieur. La lumière, ainsi produite
et stratifiée, se compose de zones alternativement
obscures et brillantes.

En 1819, Faraday ayant constaté que, si on pousse
la raréfaction plus loin que dans les tubes de Geissler
ordinaires, le phénomène change. Ce changement il
l'attribuait à un quatrième état de la matière ainsi
raréfiée, qu'il appela *état radiant*.

En 1869, Hittorf montra que si on faisait le vide
absolu, il n'y avait plus la moindre lueur et l'électricité ne passait plus. En outre, il observa divers
phénomènes présentés par la matière à l'état radiant;
mais ce fut Crookes qui, en 1879, étudia ces phénomènes et donna un éclat particulier à ces expériences.
En effet, Faraday a déjà observé qu'entre la lueur de
l'électrode positive et celle de l'électrode négative se
trouve un espace obscur dont la dimension dépend
de la raréfaction ; mais Crookes a montré que lorsque
cette raréfaction est suffisante, il existe un autre espace obscur, séparant la lueur négative de son électrode. C'est dans cet espace que se trouvent des
radiations capables de rendre phosphorescents certains corps, de produire des effets mécaniques et
calorifiques; ce sont les *rayons cathodiques* dont les
propriétés ont été étudiées par Hittorf, Goldstein,
Hertz, Ebert, Wiedemann, etc. [1]. Ces rayons catho-

---

diques illuminent l'air et les gaz, mais dès qu'ils sont dilués, la lueur disparaît et dès lors, l'œil ne peut suivre leur trajet.

Enfin Hertz a montré qu'il y avait des rayons cathodiques différents, de même qu'il y a des rayons lumineux de couleurs différentes.

La question en était là lorsque la découverte de Rœntgen vit le jour.

On sait que le professeur Rœntgen, ayant enveloppé d'un carton noir, un tube de Crookes dont il étudiait les rayons cathodiques, dans une chambre noire, ne fut pas peu surpris de voir, qu'une feuille de papier recouverte de platino-cyanure de baryum devenait fluorescente, lorsqu'on l'approchait du tube, et cela, malgré l'interposition du carton, et que cette fluorescence persistait jusqu'à une distance de deux mètres[1].

« En remplaçant le platino-cyanure de baryum par d'autres substances fluorescentes, telles que le sulfure de calcium, le spath d'Islande, le verre d'urane, etc., M. Rœntgen obtient les mêmes effets; d'autre part, si l'on substitue à la feuille de carton noir, des lames métalliques ayant jusqu'à deux millimètres d'épaisseur, une feuille d'aluminium de quinze millimètres, des planches de sapin de plusieurs centi-

---

bombarderaient en quelque sorte les parois des tubes ou les écrans, produisant ainsi la force vive, dont les transformations seraient 'es effets observés.

[1] Rappelons que les rayons cathodiques, même dilués, peuvent néanmoins être perçus par l'œil, grâce à la propriété qu'ils ont de rendre phosphorescentes certaines substances, notamment du papier imprégné de platino-cyanure de baryum, et peuvent impressionner une plaque photographique.

mètres, on constate que les nouveaux rayons les traversent sans projeter, pour ainsi dire, aucune ombre sur la feuille fluorescente ou sur une plaque photographique protégée par son châssis ou par une feuille de papier noir. En ce qui concerne la nature et la formation de ces rayons, on en est encore réduit aux hypothèses. Le professeur Rœntgen et, avec lui, la plupart des savants qui ont repris ses expériences, pensent qu'ils prennent naissance sur la paroi du tube de Crookes, où se produit la fluorescence attribuée par ce physicien à l'absorption des rayons cathodiques. On démontre, du reste, facilement, qu'en déviant, à l'aide d'un aimant, les rayons cathodiques, les rayons X sont également déviés et partent du nouveau point où les premiers vont rencontrer la paroi[1]. »

L'expérience de Rœntgen a été immédiatement répété à Paris, par M. Séguy, dans le laboratoire de physique de l'école de pharmacie, puis par les Drs Oudin et Barthélemy[2].

Tandis que les expériences de la « photographie de l'invisible » étaient en train de se généraliser, M. Duvelleroy, président de la société de photographie de Nogent-sur-Marne, prenait l'initiative d'organiser des expériences publiques.

« Elles ont été concluantes, écrit M. Henry Lapauze. Deux clichés, tous deux absolument parfaits,

[1] A. Brun. *La photographie de l'invisible et les rayons cathodiques.* — *Vie scientifique,* n° 21, p. 155.

[2] Les résultats de leurs expériences ont été communiqués à l'Académie des Sciences.

ont été pris, à l'aide du tube Crookes et d'après la méthode de Rœntgen. Sur le premier cliché on a obtenu :

1° La reproduction d'une seringue de Pravaz ;

2° Un poids de vingt-cinq grammes placé dans une boîte en bois ;

3° Deux bagues et une pièce de monnaie également dissimulées dans une boîte. La seringue de Pravaz avait été, au préalable, enfermée dans son étui en bois recouvert en marocain noir ; l'intérieur rembourré en crin était recouvert d'une étoffe de satin bleu. La seringue — comme le reste — entourée d'un léger estompage, a été reproduite très nettement. Cet estompage est le même qui représente les parties molles dans les mains photographiées par MM. Rœntgen et Oudin[1]. Sur le second cliché, on voit très bien une croix en argent avec sa chaîne, qu'on avait auparavant placées dans une boîte en bois[2]. »

Tels étaient les premiers résultats obtenus au lendemain de la découverte de Rœntgen, résultats des plus satisfaisants et qui font bien augurer pour l'avenir.

---

[1] A noter que le verre de la seringue n'a pas été traversé par les rayons X.

[2] *La première expérience publique.* H. Lapauze. — *Le Gaulois du 16 février 1896.*

La découverte de Rœntgen et la médecine

A peine les gazettes nous ont-elles appris la stupé-
fiante nouvelle[1], que de tous côtés, aussi bien en
France qu'à l'étranger, des expériences ont été entre-
prises, des recherches faites en tous sens, apportant
toutes leur contingent de lumière dans la question
actuelle.

La fantaisie, comme l'on pense, a aussi joué son

[1] Il s'agit de la *photographie des corps opaques* ou plutôt la
photographie de corps opaques à *travers des corps moins
opaques*. Telle la photographie du squelette de la main à travers les parties molles, la photographie d'une série de poids
de balance à travers la boîte qui les renferme, celle d'une
boussole derrière son enveloppe, d'une serrure derrière une
porte, etc... Le professeur Rœntgen, comme on vient de le voir,
a obtenu ces différentes épreuves, et tout récemment, M. Poin-
caré les a présentées à l'Académie des Sciences (24 janvier
1896) lequel a montré en même temps des épreuves analogues
obtenues au moyen du procédé Rœntgen par M. le Dr Oudin,
entre autres, le squelette d'une main qui apparait dépouillé
de toutes les parties molles.

rôle dans la circonstance ; il n'est même pas de jour
où l'on n'annonce des prodiges nouveaux, quelque peu
invraisemblables, ressortant des mystérieux rayons X.
N'est-il pas jusqu'à un poète viennois qui s'en effraya
et, soupçonnant déjà les applications que l'on pourra
faire de la nouvelle découverte, s'écria en vers humo-
ristiques, que l'on pourrait traduire ainsi :

« Je ne comprends pas que les hommes saluent
avec tant d'enthousiasme cette nouvelle lumière.
Pourquoi donc nos contemporains désirent-ils con-
templer ce que Dieu a revêtu d'obscurité et d'une
chemise ? »

Mais à côté de cela, il est un fait acquis : c'est que
d'après des expériences très concluantes, témoin
celles de M. le Dr de la Londe, chef des services
photographiques à l'hôpital de la Salpêtrière[1], et
celles de M. le Dr Gustave Le Bon[2], qui ont été utile-
ment répétées par M. Armaillé de Bordeaux et M. Mu-
rat du Havre, la *photographie des corps opaques* est
appelée à rendre de grands services aux sciences et
tout particulièrement à l'anatomie, à la médecine et
à la chirurgie, qui sont appelées à en retirer le plus
grand bénéfice.

Toutefois, il ne faut pas croire, comme bon nombre
de gens se l'imaginent déjà, qu'il n'est pas d'obstacles

[1] M. de la Londe a fait d'intéressantes expériences d'après la
méthode de Rœntgen ; les résultats qu'il a obtenus ont fait
l'objet d'une conférence spéciale qu'il a récemment faite à
Paris.

[2] Objet d'une communication très instructive et très appré-
ciée à l'Académie des Sciences.

que les rayons de Rœntgen ne soient capables de franchir. N'est-on pas venu à supposer que rien n'est plus simple que de regarder, au travers des murs, ce qui se passe chez le voisin ou même les étoffes parfumées de sa voisine, pour découvrir, derrière ses ajustements, la silhouette de quelque « vérité ».

Sans contester que la méthode ne rende déjà de réels services et surtout, qu'elle ne paraisse appelée à en rendre davantage encore, force est bien de le dire, que nous n'en sommes pas encore là.

Et à cet égard, nous ne saurions mieux faire que de citer les termes dans lesquels M. L. Olivier[1] signalait tout dernièrement, dans la *Presse médicale*, l'avenir de l'application des rayons X de Rœntgen aux besoins de la médecine :

« Dès aujourd'hui, il est possible de se servir des rayons X pour découvrir la présence et la position d'une balle de revolver dans les tissus, déceler des lésions osseuses, établir dans une ankylose la part de l'os et des ligaments, dévoiler une ortéïte, déterminer, chez la femme enceinte, la position du fœtus ; sans doute aussi, le progrès de la méthode permettra prochainement de photographier du dehors, par la région abdominale ou le périnée, les calculs de la vessie. Tout porte à penser, que ce ne sera pas là le dernier mot de cette espèce de magie. De même que les divers rayons du spectre visible, jouissant d'une gamme de propriétés un peu différentes, ne sont pas

---

[1] Docteur ès sciences. Directeur de la *Revue des sciences pures et appliquées*.

également réfléchis, également réfractés pour les mêmes corps, et subissent un peu différemment l'action des divers milieux où ils se propagent, il est probable qu'en disséquant le faisceau de Rœntgen et le cortège des rayons inconnus dont il fait partie, on trouvera parmi eux des dissemblances, les uns traversant mieux que leurs voisins un certain milieu et moins bien un autre, de sorte qu'une sélection ménagée de ces radiations permettra de photographier à volonté, l'os, le muscle, le tendon, l'aponévrose, le nerf, le cœur, le poumon, l'estomac, le cerveau, en les montrant isolés des organes qui les entourent [1] ».

Évidemment, un tel résultat obtenu constituerait un admirable idéal, et si nous sommes encore loin de sa réalisation, nous devons néanmoins constater et enregistrer, que le Dr Williamson, chirurgien d'un hôpital de Londres, ayant eu l'idée de photographier, avec la lumière de Rœntgen, une partie de la colonne vertébrale d'un matelot apporté dans son service, avec une paralysie des membres inférieurs causée à la suite d'une chute, quoique l'examen minutieux auquel le malade avait était soumis n'avait révélé qu'une petite plaie insignifiante dans la région des reins, près de la colonne vertébrale, a pu constater que le cliché Rœntgen indiquait la présence d'un corps étranger, profondément engagé entre deux vertèbres : c'était un fragment de lame de couteau qui comprimait la

---

[1] *La Presse médicale*, du 29 janvier 1896.

moelle et dont l'extirpation fit cesser les phénomènes de paralysie.

D'autre part, à Vienne[1], M. Moselig a pu photographier de même une balle de revolver engagée dans l'épaisseur du bras, préciser le siège et l'extraire, par une très légère opération.

Enfin à Berne, c'est une aiguille qu'un enfant s'était introduite dans la main, et dont M. Kocher a pu, en photographiant le membre, déterminer exactement la position.

Comme on le voit, la nouvelle découverte, dans sa genèse, donne déjà de très beaux résultats et en promet encore[2].

[1] Autriche.

[2] Notons que M. d'Arsonval a communiqué à l'Académie des Sciences, le 10 février 1896, une photographie représentant l'aileron d'un faisan tué à la chasse, et montrant très nettement la fracture de l'os et le plomb qui l'a produite.

II

Le docteur Le Bon et la lumière noire

En même temps que la merveilleuse découverte de
Rœntgen causait, dans le monde scientifique, le grand
retentissement que l'on sait, un savant français (dont
les nombreux travaux sur la photographie sont à juste
titre appréciés), M. Gustave Le Bon[1] présentait à
l'Académie des sciences[2] une intéressante note sur
la photographie à travers les corps opaques à la
lumière ordinaire.

Les expériences à l'aide des rayons X du Dr Rœntgen[3] et les essais de M. Le Bon sur la *lumière noire,*
— c'est le terme employé par ce dernier, — sont à vrai

---

[1] M. Gustave Le Bon, médecin et éthnographe français, né à
Nogent-le-Rotrou en 1841 ; reçu médecin à Paris en 1876, auteur d'ouvrages très appréciés sur la médecine et la photographie.

[2] Séance du 31 janvier 1896. Voir *Journal officiel.*

[3] On avait tout d'abord pris pour des rayons cathodiques la
découverte de Rœntgen, mais il n'en est rien, et c'est avec
raison qu'on les a appelés *rayons X.* Ils n'ont guère en effet de

dire assez différents, mais leurs résultats présentent cependant une certaine analogie. Les recherches de M. Le Bon l'ont amené à démontrer que la lumière ordinaire traverse sans difficulté les corps les plus opaques [1].

Dans sa communication à l'Académie des sciences, M. Gustave Le Bon développa ainsi les théories qui ont conduit à exécuter les expériences et qui permettaient de les pressentir :

« Le but que je me proposais, était d'explorer la

commun, avec les rayons cathodiques, que la propriété de traverser les métaux sous faible épaisseur. Mais nous avons vu que les rayons cathodiques, absorbés par le verre, ne sortaient pas des tubes où ils ont pris naissance et l'on sait qu'ils ne se propagent pas en ligne droite. Les rayons de Rœntgen, au contraire, sortent du tube d'où ils viennent, formés probablement par le verre qui absorbe les rayons cathodiques, lesquels seraient donc la cause des rayons X, sans toutefois se confondre avec eux. Au reste, M. Jean Perrin, préparateur à l'École normale de Paris, vient de démontrer, contrairement aux rayons cathodiques, que les rayons X se *propagent rigoureusement en ligne droite* et peuvent ainsi être appelés *rayons* avec plus de raison que les rayons cathodiques.

[1] Dans l'ordre des faits dûment constatés, l'on a reconnu que les rayons X de Rœntgen n'exerçaient correctement leur propriété de traverser les corps, qu'à la condition de n'avoir pas à franchir des épaisseurs par trop considérables. A cet égard. M. de la Londe, dans une conférence qu'il vient de faire à Paris, a soumis à ses auditeurs une série d'épreuve photographiques obtenues suivant la méthode de Rœntgen, épreuves particulièrement instructives. Leur examen a en effet, montré de la façon la plus nette, que les rayons X perdent rapidement leur facilité de se propager au travers des corps quand l'épaisseur de ceux-ci augmente.

zone encore inconnue, qui sépare le domaine de la lumière de celui de l'électricité. Je supposais que les formes de l'énergie doivent être un nombre infini. Nous n'en connaissons que quelques-unes, telles que la lumière, la chaleur et l'électricité. Mais ces formes connues, doivent pouvoir se relier par des formes intermédiaires. Ces dernières sont encore inconnues, simplement parce que nous ne possédons pas d'instruments capables, de les traduire d'une façon perceptible à nos sens.

« Pour découvrir un de ces modes d'énergie intermédiaire, il fallait donc d'abord trouver, un instrument permettant de mettre en évidence, des vibrations moins nombreuses, que celles de la lumière et plus nombreuses que celles de l'électricité. Les plaques photographiques étant sensibles aux vibrations, relativement peu nombreuses, situées au-delà du spectre visible, il était à espérer, qu'elles seraient sensibles à des vibrations beaucoup moins nombreuses encore. S'il en était réellement ainsi, nous nous trouverions dans la zone intermédiaire, entre la lumière et l'électricité. Mais alors, cette forme nouvelle de l'énergie devait posséder quelques propriétés intermédiaires, entre celles de la lumière et celles de l'électricité. Elle ne se propageait peut-être plus comme la lumière, et peut-être, se propageait-elle comme l'électricité. Dans ce dernier cas, les vibrations ne devaient pas être arrêtées par des corps métalliques opaques, quelle que fût leur épaisseur. C'est à vérifier ces conceptions, qu'ont été consacrées des

recherches poursuivies pendant deux ans. Sans la
théorie qui nous guidait, nous nous serions arrêtés
devant les insuccès qui accompagnèrent nos premières expériences. La démonstration du passage de
la lumière, à travers des plaques épaisses de métal, fut
faite assez rapidement, mais les résultats s'accom-
pagnaient d'insuccès partiels, qui me firent retarder
longtemps leur publication. Le plus souvent l'image
était parfaite, sur les bords extérieurs de la glace ou à
son centre, puis s'arrêtait brusquement. En employant
plusieurs métaux étrangers, on favorisait ou on en-
travait l'expérience. C'est ainsi, par exemple, que la
présence d'une feuille d'étain poli, derrière la glace
sensible, empêchait le passage de la lumière à travers
la plaque d'aluminium recouvrant le cliché. Parfois
on obtenait des résultats aussi satisfaisants, en pla-
çant la glace devant ou derrière le cliché. Tantôt
l'image était négative et tantôt positive. Evidemment,
des influences électriques devaient intervenir, mais
évidemment aussi, les effets produits étaient bien dus
à l'action de la lumière, puisque, toutes les conditions
d'expériences étant égales, les images ne s'obtenaient
que lorsque la lumière tombait sur les lames opaques
obturant le châssis.

« J'expliquerai, dans une prochaine note, comment,
au moyen d'un nouvel instrument, infiniment sensible
(un galvanomètre à cadre mobile dans un champ ma-
gnétique intense, produit par un courant électrique
auxiliaire de 30 volts sur deux ampères), j'ai pu mettre
en évidence le dégagement d'électricité pendant la

formation des images photographiques. Pour le moment, je ne veux exposer que les expériences concernant le passage de la lumière ordinaire, à travers les corps opaques et les transformations qu'elle y subit.

« Dans les expériences qui vont suivre, chaque cliché reçoit deux glaces sensibles, l'une sur sa partie supérieure, l'autre sur sa partie inférieure.

« L'une d'elles sert de témoin, c'est-à-dire est destinée à montrer, par un séjour préalable du châssis garni dans l'obscurité, que l'image produite sur la glace, couvrant la deuxième partie du cliché, ne se produit que sous l'influence de la lumière noire. On élimine entièrement, de cette façon, toutes les hypothèses que l'on pourrait faire, sur les causes de la formation de l'image : lumière emmagasinée, pression, chaleur, électricité, etc..., seule, la lumière qui a traversée la plaque et s'est transformée en rayons noirs produit l'image, puisque en dehors de cette lumière, l'image ne se produit jamais.

« Les bords de la glace sensible, sont enveloppés d'une double feuille de papier noir collée sur les bords du cliché et repliée derrière la glace sensible. Le tout est placé dans l'obscurité, dans le châssis photographique, avec la plaque métallique obturante que doit traverser la lumière, pour impressionner la plaque.

« Pour éliminer absolument au début l'hypothèse de lumière emmagasinée, que ne devaient pas manquer de proposer les photographes, je collai au dos du cliché une croix noire en papier, que la lumière qui passe à travers les plaques métalliques ne traverse pas, à moins de pose trop prolongée. Il en résulte qu'elle se trouve reproduite en blanc sur l'épreuve photographique. Si la longueur de la pose était trop exagérée, la croix finirait cependant par être traversée. J'ai eu soin d'indiquer que le papier noir n'était opaque que pour les poses de peu de durée.

« Dix feuilles de papier noir, superposées au-dessus d'un cliché et d'une glace sensible, laissent passer assez de lumière, pour donner une excellente image après quatre heures d'exposition au soleil. Le passage de la lumière à travers les corps les plus opaques, n'est, comme je l'ai dit déjà, qu'une question de temps.

« Voici maintenant une série d'expériences, qui sembleraient bien contradictoires, si on n'avait pas, pour les expliquer, la théorie que j'ai exposée, et si on considérait que la lumière noire doit, comme la lumière ordinaire, se propager en ligne droite.

« Le châssis étant recouvert de l'un des métaux que j'ai indiqués, l'aluminium ou le fer par exemple, une moitié de la plaque métallique est recouverte à son tour d'une dizaine de feuilles de papier noir superposées, qui seraient très suffisantes avec la pose que nous employons, à arrêter la formation de l'image sur une plaque sensible exposée sous un cliché Or, au développement, nous constatons que l'image est absolument égale en intensité, aussi bien sous la partie où le métal est recouvert lui-même de dix épaisseurs de papier. Si sur cette même lame métallique, nous superposons de gros disques en fer, de plusieurs centimètres d'épaisseur, nous constatons encore que ces disques, malgré leur épaisseur, ne laisseront aucune trace sur l'image.

« Ces expériences, qui ont été répétées, en les variant de toutes façons, sont fondamentales. Elles montrent tout d'abord, que le degré d'épaisseur des lames opaques est sans importance pour le passage de la lumière, absolument comme il le serait pour le passage de l'électricité. Ces expériences montrent aussi, que la lumière noire suit, pour se propager, d'autres lois que celles de la lumière ordinaire. En effet, si la lumière noire se propageait en ligne droite, les parties du cliché protégées par les disques et les feuilles de papier, placées au-dessus des lames métalliques, seraient indiquées par une ombre sur la glace. Mais si la lumière noire obéit aux lois de la propagation des ondes électriques, il suffit qu'un point du métal reçoive des rayons, pour que les rayons se propagent à toute sa surface.

« On peut donc transformer la lumière en radiations, qui se propagent comme les courants électriques. Ce ne sont pas des radiations électriques pourtant, car les courants électriques ordinaires ne suffisent pas à produire les mêmes effets. On se trouve donc en présence d'un mode d'énergie, qui n'est plus de la lumière, puisqu'il n'a plus qu'une partie de ses propriétés et n'obéit pas aux lois de sa propagation, et qui n'est pas non plus de l'électricité, puisque l'électricité, sous ses formes connues, ne produit pas les mêmes effets. »

Après avoir ainsi exposé le fruit de ses savantes études, le Dr Le Bon concluait ainsi :

« La lumière noire doit être considérée comme une force nouvelle, ajoutée au petit nombre de celles que nous connaissons déjà [1]. »

[1] Séance de l'Académie des Sciences du 17 février 1896 Voir, *Journal officiel.*

III

Le procédé Murat

Les curieuses expériences, encore pleines de mys-
tère, dans lesquelles M. Gustave Le Bon fait provi-
soirement intervenir des courants thermo-électriques,
causés par le contact des deux métaux, ont vivement
attiré l'attention des personnes, qui s'intéressent à la
photographie ; MM. Auguste et Louis Lumière, de
Lyon, Borckmann et Gœrchin, de Saint-Pétersbourg,
Righi, de Bologne, Armaillé, de Bordeaux, pour ne
citer que les principaux, dont les recherches ont fait
l'objet de notes spéciales à l'Académie des sciences[1].

[1] Ajoutons également, que M. Niewangloski transmit à
l'Académie des Sciences une note sur la photographie dans
l'obscurité. L'auteur attribuait l'épreuve obtenue dans ces conditions à une faible fluorescence que perçoit une plaque plus
sensible que l'œil.

Dans cette même séance (3 février 1896), M. Lippmann
résume plusieurs notes relatives à la photographie des corps
opaques, entre autres la communication de M. Chabot qui

Mais il est un de nos amis, excellent photographe amateur, érudit et très entreprenant en même temps, que cette question de la *lumière noire* passionne depuis quelque temps, qui eut la pensée de reprendre les essais de M. le Dr Gustave Le Bon et de les suivre avec un minutieux intérêt. Les résultats obtenus par lui sont assez surprenants et méritent que l'on s'y arrête.

Ayant longuement étudié la méthode de M. Gustave Lebon, et poursuivant son étude à la suite de ses essais, M. Murat apporta aux expériences de celui-ci, une modification qui élargit singulièrement le champ des suppositions, sur la nature des phénomènes constatés[1].

Remplaçant dans un châssis positif, la glace formant support, par une feuille de cuivre rouge, M. Murat intercala l'objet opaque[2] à photographier

traite de la transparence du platine, de l'aluminium et du mercure.

De plus, dans sa séance du 10 février 1896, M. Moissan fait part à l'Académie des Sciences que M. Mélan a fait une étude sur le degré de pénétration des différents corps par les rayons X qui, suivant ce dernier, traversent toutes les variétés de carbone sans difficulté, mais le soufre les arrête complètement; on peut en dire autant de l'iode et du silicium.

Enfin, M. Lannelongue présente au sujet de la photographie des invisibles quelques explications relatives à la photographie d'une jambe malade, l'épreuve obtenue a permis de contrôler le diagnostic porté antérieurement. Voir *Journal officiel*.

[1] Il n'est pas sans intérêt de dire que les recherches de M. Murat lui ont valu les félicitations du D[r] Le Bon.

[2] M. Murat avait pris une raie de moyenne grandeur pour objet de ses expériences.

entre deux plaques sensibles ordinaires, de telle façon, que les plaques gélatinées furent placées de vis-à-vis. Ayant posé l'ensemble sur la feuille de cuivre rouge, qui remplaçait la glace, il recouvra le tout d'une feuille de plomb, mettant en contact les deux feuilles métalliques et referma le couvercle du châssis, qui constitua ainsi une sorte de boîte hermétiquement close, qui ne laissait passer *aucun* rayon de lumière blanche. Après avoir exposé une heure et demie à la lumière d'un bec Auer[1], la boîte que fermait ainsi son châssis enveloppé, renfermant une raie fraîche de moyenne grandeur, il procéda au développement des deux clichés, suivant les moyens employés habituellement en photographie.

C'est alors que M. Murat constata, que non seulement la plaque sensible placée derrière l'objet reproduisait l'image, mais que celle qui était placée en avant, du côté d'où frappait la lumière projetée par le bec Auer, donnait un cliché semblable, mais d'une netteté plus marquée...

Que s'était-il passé ?

Comment la chose s'est-elle produite ?

Nous ne saurions le définir et la voie des hypothèses reste ouverte.

Cependant, on peut supposer, comme on s'est du reste mis à le penser, que certaines radiations, après avoir traversé la feuille de cuivre, remplaçant la glace

---

[1] L'exposition peut se faire soit à la lumière du soleil, soit à la lumière diffuse, soit à toute espèce de lumière artificielle, pendant une durée qui est en rapport avec l'intensité lumineuse, les objets à photographier et le degré de température.

du châssis, sont venues imprimer l'image sur la plaque sensible, disposée derrière l'objet. Mais aussi, comment expliquer que la première plaque, celle qui est placée en *avant* de l'objet opaque et que les radiations ont traversé pour l'atteindre, ne soit pas de ce fait *voilée*, qu'elle fournit au contraire, un cliché beaucoup plus net et détaillé que le premier?

On n'a pas eu cependant connaissance, jusqu'à ce jour, que deux clichés aient été tirés de cette manière ensemble.

Peut-être les courants électriques, qui prennent naissance entre les deux feuilles métalliques[1], sont la cause principale de l'impression de la plaque, placée derrière l'objet.

Suivant une supposition personnelle de M. Murat, il y a dans ce résultat extraordinaire des deux clichés, obtenus en même temps, une relation intime entre cette méthode de la lumière noire et du dispositif qu'il a employé, et la photographie des couleurs.

L'avenir lui donnera-t-il raison? Nous l'ignorons quant à présent.

Mais ce sont là, néanmoins, autant de points d'interrogation, qui attendent leur réponse et qui, plus que jamais, engagent nos savants à renouveler et à poursuivre leurs expériences.

Toujours est-il, que les résultats obtenus par le procédé de M. Murat, sont tout au moins curieux.

Nous avons eu sous les yeux :

1° Une raie photographiée à l'air libre, par les pro-

---

[1] Cuivre et plomb pour l'expérience ci-dessus.

cédés ordinaires et montrant tout naturellement, l'extérieur du poisson exposé devant l'objectif.

2° La même raie placée dans le coffret, après une heure et demie de pose. Ici, la raie est transparente et l'on aperçoit très bien son foie.

3° Enfin le développement ayant été poussé davantage, après deux heures de pose, le foie a disparu, traversé par la lumière du bec Auer, qui montre très distinctement cette fois toute la musculature, l'anatomie du poisson, du côté externe opposé à la lumière [1].

M. Murat a renouvelé son expérience et se propose de la renouveler encore et, en suivant les phases de la photographie d'un carrelet, préalablement intercalé entre deux plaques sensibles, après une heure et demie d'exposition à la lumière diffuse, a remarqué en développant dans la chambre noire, que chaque cliché a d'abord fidèlement donné l'image négative de la face du carrelet, avec laquelle il était en contact, puis les détails se sont accentués. Après les taches de la peau sont apparues, peu à peu, les barbes,

[1] Ces trois épreuves ont fait l'objet d'une note spéciale à l'Académie des Sciences, où elles ont été présentées par M. d'Arsonval le 17 février. M. Murat avait joint à son envoi : des ciseaux, une pièce de monnaie de cinq centimes, placés de la même façon que ce que nous avons rapporté pour la raie. A noter (ce qui ne s'explique pas jusqu'à présent, et qui a été également constaté par M. le D^r Le Bon, qui en a fait mention dans sa communication à l'Académie des Sciences le 17 février) que les ciseaux ont donné une image positive pendant que la pièce de monnaie donnait une image négative. — On lit très aisément l'exergue de la pièce de monnaie.

l'appareil digestif, les arêtes. En poussant plus loin le développement, le révélateur a fait surgir quelques points de la face opposée, comme si le corps du pois-son eût été, pour les rayons sensibilisateurs, d'une transparence absolue.

Les essais de M. Murat ne s'arrêteront pas là, disons-nous [1]; il y a en effet matière à une longue et patiente étude, qui ne pourra manquer d'être féconde en découvertes pleines d'imprévu. Aussi souhaitons-nous à M. Murat, ainsi qu'à tous ceux qui consacrent un zèle tout particulier à cette question de *la lumière noire*, qui les passionne quotidiennement, la réus-site qu'ils désirent, dans les nouvelles expériences auxquelles ils doivent se livrer et qui leur permettront peut-être, d'apporter un jour nouveau dans l'explica-tion rationnelle de la *photographie des invisibles* et des questions encore mystérieuses que les expériences de MM. Rœntgen et Le Bon ont fait entrevoir.

Le problème est difficile, mais non insoluble, il le faut espérer. Les savants les plus éminents du monde entier s'y attachent; puisse le succès couronner leurs efforts.

Enfin, souhaitons que les *rayons X*, la nouvelle dé-couverte de Rœntgen et la question de la *lumière noire* qu'étudie avec une activité dévouée le D[r] Le Bon, aient un sort plus heureux, que les phénomènes mis en lumière par Crookes et qui ont été rangés par les

[1] Il se propose en effet d'étudier la structure et les organes du corps humain à l'aide de la lumière noire.

physiciens, au nombre des phénomènes curieux et dont leur étude n'a été faite, que de temps à autre, avec des intervalles de repos de dix à quinze ans.

Que le rêve d'aujourd'hui soit réalisé demain et l'humanité souffrante aura lieu de s'en réjouir.

COMPOSITION

DE

l'Académie des Sciences et Belles-Lettres d'Angers

BUREAU

Présidents d'honneur

MM.

Duruy (Victor), G. O. ✼, ✼, ancien ministre de l'Instruction publique, membre de l'Institut (Académie française, Académie des Inscriptions et Belles-Lettres, et Académie des Sciences morales et politiques), rue de Médicis, 5, à Paris.

Forquet de Dorne (Charles-Joseph-Louis), O. ✼, I. ✿, premier président de la Cour d'appel d'Angers, rue Tarin, 22.

Président

Parrot (Armand-Paul), A. ✿, correspondant honoraire du Ministère de l'Instruction publique et des Beaux-Arts, rue Châteaugontier, 11.

Chancelier

ROMAIN (Louis, comte de), I. ❀, littérateur, hôtel du Cheval-Blanc, à Angers, et au château de la Possonnière.

Secrétaire perpétuel

VILLIERS (Alfred-Prosper de), A. ❀, avocat, place du Champ-de-Mars, 14.

Vice-secrétaire

ATGIER (Émile), médecin-major, rue de l'Asile-Saint Joseph, 16.

Archiviste-bibliothécaire

FRANCOLIN (Adolphe), I. ❀, proviseur honoraire, rue de la Segretainerie, 16.

Trésorier

DAVID D'ANGERS (Robert), A. ❀, statuaire, impasse du Pont-Bressigny.

MEMBRES HONORAIRES

MM.

BARDON (Charles), O. ❊, ancien préfet de Maine-et-Loire, préfet du Puy-de-Dôme, à Clermont-Ferrand.

BOURLON DE ROUVRE (Louis), C. ✳, I. ❋, ancien préfet de Maine-et-Loire.

CHABOUILLET (Anatole), O. ✳, conservateur honoraire du département des médailles et antiques à la Bibliothèque Nationale, rue Colbert, 12, à Paris.

CHATIN (Adolphe), O. ✳, membre de l'Institut, directeur honoraire de l'École supérieure de pharmacie, 149, rue de Rennes, à Paris.

COLONNA, prince de Stigliano (Son Ex. Don Ferdinand), historien, *vià* Amédée, 39, à Naples.

CRULS (L.), directeur de l'Observatoire national de Rio-de-Janeiro (Brésil).

DECHARME (Célestin) ✳, I. ❋, docteur ès sciences, professeur honoraire de l'Université, ancien président de la Société académique de Maine-et-Loire, 8, rue Saint-Louis, à Amiens.

DELPECH (Albert), ✳, ✳, préfet de Maine-et-Loire, à Angers.

DEMARTIAL (Henri), ✳, procureur général près la Cour d'appel, 11, rue de Metz, à Toulouse.

FABVRE (Adolphe), G. O. ✳, ancien général de division à Angers, général commandant le 17ᵉ corps d'armée, à Toulouse.

LENEPVEU (Jules), O. ✳, C. ✳, membre de l'Institut (Académie des Beaux-Arts), boulevard de Clichy, 67, à Paris.

LIGIER (Hermann), O. ✳, I. ❋, ancien préfet de Maine-et-Loire, trésorier-payeur général de l'Orne, à Alençon.

MOREAU (Frédéric), archéologue, ancien conseiller général de l'Ain, rue de la Victoire, 98, à Paris, et à Fère-en-Tardenois (Aisne).

MOURIN (Ernest), O. ✳, I. ❋, ancien professeur d'histoire au Lycée d'Angers, ancien maire d'Angers, recteur honoraire de l'Académie de Nancy, rue du faubourg Saint-Jean, 22, à Nancy.

Mourlan (Jean-Clarisse-Alfred), C. ✳, ✳, I. ✪, général commandant la 36ᵉ brigade d'infanterie, à Angers, rue du Haras, 12.

Petra (Jules de), directeur du Musée royal, à Naples.

Schnerb (E.), O. ✳, ancien préfet de Maine-et-Loire, conseiller d'État, à Paris.

MEMBRES TITULAIRES

MM.

Aïvas (Alexandre), A. ✪, architecte de la Ville et directeur de l'École régionale des Beaux-Arts, rue du Bellay, 52.

Atgier (Émile), médecin-major au 25ᵉ régiment de dragons, membre de la Société d'anthropologie de Paris, rue de l'Asile-Saint-Joseph, 16.

Boulanger (Victor), ✳, directeur honoraire des Contributions indirectes, ancien adjoint au maire d'Angers, rue Boisnet, 19.

Burdin (André), I. ✪, O. ✳, imprimeur du Ministère de l'Instruction publique, de l'École des langues orientales vivantes, etc., rue Garnier, 4.

Cazenavette (Henri), ✳, procureur général près la Cour d'Appel, place André-Leroy, 6.

Commère (Jules), bibliophile, rue de l'Asile - Saint - Joseph, 37.

Cordon (G.), ✳, docteur-médecin, conseiller d'arrondissement, aux Ponts-de-Cé.

David-d'Angers (Robert), A. ✪, statuaire, impasse du Pont-Bressigny.

Forquet de Dorne (Charles), O. ✳, I. ❀, premier président de la Cour d'appel, rue Tarin, 22.

Francolin (Adolphe), I. ❀, proviseur honoraire, rue de l'Arbalète, villa Médicis, 35, à Paris.

Lachèse (Paul), éditeur, boulevard du Roi-René, 22.

La Combe (Paul), ancien adjoint au maire, juge de paix du canton Nord-Ouest d'Angers, rue Saint-Évroult, 13.

Lainé-Laroche (Adolphe), ✳, ancien président de la Chambre de commerce, rue d'Anjou, 2.

La Trémoïlle (Louis, duc de`, historien, au château de Serrant, par Saint-Georges-sur-Loire.

Lieutaud (Émile), ❀, docteur en médecine, directeur du Jardin des Plantes, professeur à l'École de médecine, boulevard du Roi René, 25.

Motais (Émile), I. ❀, docteur en médecine, rue Saint-Laud, 8.

Parrot (Armand-Paul), A. ❀, correspondant honoraire du Ministère de l'Instruction publique et des Beaux-Arts, rue Châteaugontier, 11.

Petrucci, docteur en médecine, directeur de l'Asile départemental d'aliénés de Sainte-Gemmes-sur-Loire.

Piette (Édouard), A. ❀, juge honoraire du Tribunal civil d'Angers, archéologue, à Rumigny.

Renou (Ludovic), architecte, ancien inspecteur des travaux de la ville de Paris et du Gouvernement, 1, rue Corneille.

Romain (comte Louis de), I. ❀, directeur de la Société de Sainte-Cécile, hôtel du Cheval-Blanc, à Angers, et au château de la Possonnière (Maine-et-Loire)

Suarez de Mendoza (Ferdinand), docteur en médecine, rue Tarin, 23.

Villiers (Alfred-Prosper de), A. ❀, avocat, ancien adjoint au maire, place du Champ-de-Mars, 14.

VILLOUTREYS (Ernest, marquis de), bibliophile, 10, rue d'Anjou, et au château du Plessis-Villoutreys, par Montrevault (Maine-et-Loire).

MEMBRES ASSOCIÉS NON RÉSIDANTS

MM.

BARBIER DE MONTAULT (Mgr Xavier), I. ◉, ✳, prélat de la Maison de Sa Sainteté, archéologue et liturgiste, rue Saint-Denis, 37, à Poitiers.

CHATELLIER (Paul du), A. ◉, archéologue, château de Kernuz, par Pont-l'Abbé (Finistère).

CHÉDEAU (Charles), président de la Société d'archéologie, sciences, arts et belles-lettres de la Mayenne, à Mayenne.

COUDREUSE (Julien), député au Corps législatif, à Baugé et à Paris.

DEMOGET (Charles), ✳, ancien architecte-ingénieur de la ville d'Angers, 9, rue Sébastopol, à Bar-le-Duc (Meuse).

FLEURY (Louis), notaire à Cheffes (Maine-et-Loire).

JULLIEN - CROSNIER (Charles), directeur honoraire du Musée d'histoire naturelle, rue d'Illiers, 54 *bis*, à Orléans.

LAFORGE (Léon - Louis), littérateur, 148, cours de la République, au Havre.

MANTIN (Georges), botaniste, 54, quai de Billy, à Paris, et au château de Bel-Air-Olivet (Loiret).

OGER (Émile), avoué, rue de l'Océan, 21, à Saint-Nazaire-sur-Loire.

PARROT (Gabriel), A. ◉, ✳, ingénieur des Arts et Manufactures, à Levallois-Perret.

SUAREZ DE MENDOZA (Albert), docteur en médecine, à Madrid (Espagne).

MEMBRES CORRESPONDANTS

MM.

Abraham (Tancrède), I. ◉, conservateur du Musée à Châteaugontier, et rue Vignon, à Paris.

Antoine I. ◉, ancien inspecteur d'Académie, rue de Turin, 34, à Paris.

Barbier (J.-V.), A. ◉, secrétaire général de la Société de Géographie de l'Est, rue de la Prairie, 1 *bis*, à Nancy.

Belouin (Paul-François), statuaire, à Paris, et place de la Visitation, 1, à Angers.

Bernard de la Frégeolière (Raynold-Jean-Louis-Paul, vicomte de), enseigne de vaisseau démissionnaire, à Lorrière, par Dissé-sous-le-Lude (Sarthe).

Bergson (Henri), A. ◉, professeur de philosophie au Lycée Henry IV, à Paris.

Body (Albin), conservateur de la Bibliothèque et des Archives de la ville, à Spa (Belgique).

Bommer (Jean-Édouard), conservateur du Jardin botanique, professeur à l'Université, rue des Petits-Carmes, 19, à Bruxelles (Belgique).

Bordier (Jules), A. ◉, ancien président de l'Association artistique d'Angers, rue Ballu, 23, à Paris.

Boscassi (Ange), chef des Archives municipales, à Gênes (Italie).

Calmès (Georges), A. ◉, ancien vice-président du Conseil de préfecture de Maine-et-Loire, sous-préfet de La Réole (Gironde).

Castonnet des Fosses (Henri), ✳, vice-président de la Société de géographie commerciale de Paris, rue de Beaune, 12, à Paris.

Chervet , I. ❀, professeur de sciences physiques au Lycée Saint-Louis. à Paris.

Chrétien (E.), statuaire. impasse Camus, 3, à Paris.

Coet (Émile), archéologue et chimiste, à Roye (Somme).

Conil (Auguste), naturaliste, à Cordoba (République Argentine).

Contejean (Charles), ✻, I. ❀, professeur honoraire de Faculté, à Montlimart (Drôme).

Crollalanza (le chevalier Godefroy de), secrétaire-archiviste de l'Académie royale héraldique d'Italie, cours Victor-Emmanuel, 81, à Bari (Italie).

Crozals (de), I. ❀. professeur d'histoire et de géographie à la Faculté des lettres, à Grenoble.

David (Adolphe), statuaire et graveur en pierres fines, 14, rue des Bruyères, à Sèvres (Seine-et-Oise).

Debidour (Paul), ✻, I. ❀, doyen honoraire de la Faculté des lettres de Nancy, inspecteur général de l'Instruction publique. rue Nicole, 7, à Paris.

Denéchau (Séraphin), statuaire, rue Alfred Stevens, à Paris.

Dognée (Eugène-Marie-Octave), ✻, A. ❀, docteur en droit, conseiller de l'Académie d'archéologie de Belgique. place des Carmes, 20, à Liège (Belgique).

Egger (Victor), I. ❀. professeur de philosophie à la Faculté des lettres, à Nancy.

Elia (Nicolas d'), littérateur, rue Venezia, 11, à Rome.

Gaffarel (Paul), I. ❀. doyen de la Faculté des lettres, rue de Buffon. 5, à Dijon.

Gasté (Armand), ✻, professeur de littérature à la Faculté de Caen, rue Élie de Beaumont, 6, à Caen.

Germain (Léon), I. ❀, bibliothécaire-archiviste de la Société d'archéologie lorraine, rue Héré, 26, à Nancy.

Gidel (Charles), O. ✳, I. ❀, proviseur du Lycée Con dorcet, rue Caumartin, 65, à Paris.

Gravier (Gabriel), archéologue, rue du Champ-des-Oiseaux, 80, à Rouen.

Grellet-Balguerie (Louis-Charles), A. ❀, juge honoraire, membre associé de la Société des antiquaires de France, rue Saint-Sulpice, 38, à Paris.

Guéranger (Édouard), chimiste, rue Sainte-Croix, 2, au Mans.

Jacquot (Albert), I. ❀, membre de l'Académie Stanislas et de la Société d'archéologie lorraine, rue Gambetta, 19, à Dijon.

Jolibois (Émile), I. ❀, archiviste honoraire du Tarn, conservateur du Musée d'Albi, secrétaire général de la Société des Sciences, Arts et Belles-Lettres du Tarn, à Albi.

Lebard, A. ❀, professeur de sciences physiques au Lycée d'Angoulême.

Leconte (Armand), A. ❀, secrétaire général de l'Académie du Maine, avenue Thiers, 11, au Mans.

Legrelle (A.), docteur ès lettres, rue Berthier, 25, à Versailles.

Lehugeur (Paul), A. ❀, professeur d'histoire au Lycée Henri IV, à Paris.

Le Jolis (Auguste-François), A. ❀, C. ✳, directeur de la Société des sciences naturelles de Cherbourg, rue de la Duche, à Cherbourg.

Le Poittevin (Gustave), A. ❀, docteur en droit, juge au Tribunal civil de Paris, 17, rue Ernest-Renan, à Paris.

Lloyd (James), botaniste, rue François-Bonneau, 15, à Nantes.

Loiseau (Arthur), I. ❀, ✳, docteur ès lettres, professeur honoraire de l'Université, à Vanves (Seine).

Marcy (comte Arthur de), ✿, directeur de la Société française d'archéologie pour la conservation des monuments historiques, à Compiègne (Oise).

Marionneau (Charles), I. ✪, correspondant de l'Institut, peintre et archéologue, rue de Turenne, 73, à Bordeaux.

Ménière (Louis-Pierre), A. ✪, O. ✿, docteur en médecine, rue Scheffer, 8, à Passy-Paris

Monceaux (Henri), secrétaire général de la Société historique et naturelle de l'Yonne, rue Duché, 29, à Auxerre.

Nylander (William's), ancien professeur à l'Université d'Helsington, membre de la Société de botanique de Belgique, passage des Thermopyles, à Paris.

Oger (Dr Louis), ✿, médecin major de 1re classe, à Riom.

Palustre (Léon), I. ✪, président de la Société archéologique de Touraine, rampe de la Tranchée, à Tours.

Papin (Louis), dit Paul Pionis, littérateur, chemin des Étangs, 1, à Clamart (Seine).

Perrier de la Bathie (baron), botaniste, à Albertville (Savoie).

Pissot (Léon), A. ✪, docteur en médecine, président de la Société des Sciences, Lettres et Beaux-Arts, à Cholet (Maine-et-Loire).

Pulligny (Leclerc, vicomte de), I. ✪, ✿, archéologue à Chesnay-de-Civières, canton d'Ecos (Eure).

Ravenez (Dr), médecin-major de 1re classe, à Vannes (Morbihan).

Riche (Alfred), O. ✿, I. ✪, professeur de chimie minérale à l'École supérieure de pharmacie, directeur des essais à la Monnaie, 11, quai Conti, à Paris.

Robillard de Beaurepaire (Eugène de), ✿, conseiller honoraire à la Cour d'appel de Caen, secrétaire de la

Société des antiquaires de Normandie, rue de Bagatelle à Caen.

Robinot-Bertrand, avocat, à Nantes.

Rousse (Joseph-Adolphe-Marie), ancien conseiller général de la Loire-Inférieure, bibliothécaire adjoint de la Bibliothèque de Nantes, rue Royale, 11, à Nantes.

Save (Gaston), historien, place Saint-Jean, 1, à Nancy.

Songeon (André), botaniste, rue Roche, à Chambéry (Haute-Savoie).

Souriau, I. ❋, professeur de philosophie à la Faculté des lettres, à Lille.

Sowerby (G.-B.), naturaliste, 45, Great Russell street, à Londres (Angleterre).

Taluet (Ferdinand), statuaire, rue du Cherche-Midi, 55, à Paris.

Texeira (Dr F. Gomez), professeur à l'Académie polytechnique de Porto, rue de Casta-Cabral, 132, à Porto (Portugal).

Tommasi (Dr Donato), chimiste, avenue de Wagram, 50, à Paris.

Travers (Émile), A. ❋, ❋, ancien conseiller de préfecture, trésorier de la Société française d'archéologie, rue des Chanoines, à Caen.

Uri (Isaac), docteur ès lettres, 3, rue Malher, à Paris.

Vaillant, ❋, I. ❋, professeur de zoologie au Muséum d'histoire naturelle, à Paris.

Vidal (Pierre), attaché au département des estampes, à la Bibliothèque Nationale, rue de Richelieu, à Paris.

Vidal de la Blache (Paul), ❋, I. ❋, sous-directeur et maître de conférences à l'Ecole normale supérieure, à Paris.

Voisin (J.-B.), A. ❋, professeur de rhétorique au Lycée de Montpellier.

NÉCROLOGE DE L'ACADÉMIE

(1894-1895)

Président d'honneur

Duruy (Victor), grand-officier de la Légion d'honneur, officier de l'ordre du Medjidié, membre de l'Institut (Académie française, Académie des Sciences morales et politiques, Académie des Inscriptions et Belles-Lettres), maître de conférences à l'École normale supérieure, puis inspecteur général de l'enseignement secondaire, professeur d'histoire à l'École polytechnique, enfin ministre de l'Instruction publique et sénateur de l'Empire, né à Paris le 11 septembre 1811, où il est décédé, en 1894, étant dans sa quatre-vingt-quatrième année. Ce grand administrateur, cet illustre et fécond historien, s'est distingué dans ses beaux travaux par l'étendue de son érudition, sa critique sévère et l'élégance de son style [1].

---

[1] L'Académie des Sciences et Belles-Lettres d'Angers possède dans ses archives plusieurs lettres fort intéressantes qui lui ont été adressées par son éminent Président d'honneur.

Membre titulaire

LIEUTAUD (Paul-Émile), officier de l'Instruction publique, docteur en médecine, directeur du Jardin des plantes et du Musée d'histoire naturelle, chancelier de l'Académie des Sciences et Belles-Lettres, professeur d'histoire naturelle à l'École préparatoire de médecine et de pharmacie d'Angers, médecin de l'École nationale d'arts et métiers, né à Doué-la-Fontaine le 4 juillet 1835, mort à Saint-Germain-des-Prés, dont il était maire, le 19 février 1895. L'existence du Dr Lieutaud a été consacrée presque entièrement à l'enseignement de l'histoire naturelle, surtout de la botanique qui était sa science de prédilection. Ses multiples fonctions l'ont empêché de publier le résultat de ses herborisations.

Membres correspondants

JOLIBOIS (Émile), officier de l'Instruction publique, archiviste honoraire du Tarn, conservateur du Musée d'Albi, secrétaire général de la Société des Sciences, Arts et Belles-Lettres du Tarn, fécond historien et archéologue de l'Albigeois, décédé à Albi, le 31 mars 1894, à l'âge de quatre-vingt-un ans. Il fonda en 1875 la *Revue historique, scientifique et littéraire du département du Tarn*, qui est restée très prospère sous la direction de son fils, M. Jules Jolibois.

PALUSTRE (Louis-Marie-Léon), chevalier de la Légion d'honneur, officier de l'Instruction publique, membre non résidant du Comité des travaux historiques, directeur honoraire de la Société française d'archéologie, associé correspondant de la Société des Antiquaires de France, président de la Société archéologique de Touraine, né à Saivre, près de Saint-Maixent, le 4 février 1838 ; mort à Tours le 26 octobre 1894. On lui doit un grand nombre de savants ouvrages sur l'archéologie et surtout l'*Histoire de l'Architecture de la Renaissance en France*. Malheureusement cette splendide publication est restée inachevée. Plus heureux ont été ses *Mélanges d'art et d'archéologie*, édités en collaboration de Mgr Barbier de Montault.

ABRAHAM (Tancrède), officier de l'Instruction publique et du Nicham Iftikar, conservateur du Musée de Château-gontier, correspondant du Comité des Sociétés des Beaux-Arts des départements, né à Vitré le 7 janvier 1836 ; décédé à Paris le 24 avril 1895 ; fut peintre de paysages, aquafortiste et écrivain de talent.

TABLE DES MATIÈRES

ANGERS, IMPRIMERIE LACHÈSE ET Cie.

ANGERS. IMPRIMERIE LACHÈSE ET Cie